卢勤教育文集

和烦恼说再见

卢勤 著

译林出版社

代再版序

我和书的故事

卢　勤

我的职业是记者、编辑。1979 年我 31 岁，这一年，我进了中国少年报社。后当上“知心姐姐”，实现了我童年的梦想，就这样我乐此不疲地干了 30 年，直到 60 岁退休。

写书当作家，对我来说纯属意外。

1996 年我 48 岁。在一次由全国妇联组织的“冬妮童话丛书”出版座谈会上，我做了十分钟的发言，得到时任全国妇联副主席、书记处第一书记黄启璪大姐的充分肯定。

过了十几天，中国妇女出版社当时的副社长薛宝根来找我。她说:“全国妇联为了推动家庭精神文明建设，准备在全国开展‘年轻妈妈读书活动’，要为年轻妈妈写一本书，启璪书记说:‘就请卢勤来写吧！我看她儿童观很好，事例生动，语言也不错，一定能写好！’”

当时我真是受宠若惊，因为我不是作家，只是一个记者、一个编辑。我被这种高度信任深深感动了，白天上班，早晚加班，每天写 3000 字，苦战两个月，16 万字的书稿终于完成了。

《写给年轻妈妈》一书出版后，全国妇联和中国妇女出版社就在全国开展了“年轻妈妈读书活动”。由于活动开展得好，仅仅三年时间，这本书重印了 46 次，发行量达到 213 万册，并荣获中宣部第六届精神文明建设“五个一工程”奖，成为当时全国十大畅销书之一。我本人也荣获“全国三八红旗手”“巾帼建业标兵”称号，作为“全国更新家庭教育观念报告团”成员，在全国几十个城市进行演讲。

静下心来想一想，究竟是什么力量促使我拿起笔写书的呢？我领悟到是信任的力量！信任能使人产生强烈的责任感，充分挖掘自身潜力、释放能量。

当新世纪到来时，中国妇女出版社又约我写了第二本书——《写给世纪父母》，全国妇联主办了“世纪父母读书活动”，后来此书荣获了中国图书奖。

《写给年轻妈妈》《写给世纪父母》出版后，我收到了许多读者的来信。家长的信任、社会的需求激起了我强烈的责任感，也激发了我对写书的兴趣。尤其当我看到许多孩子买了我写的书送给妈妈，有的孩子还来到报告会现场，坐在家长席上听我做报告时，我被感动了。我曾问一个坐在第一排的小男孩：“你来听什么？”他说：“我来听‘知心姐姐’说说怎么教育孩子，我看看我爸妈教育孩子的方法对不对。他们为什么老打我？”

我被震撼了，孩子们也主动参与到家庭教育中来了，他们本来就是主体！

当时，我在《中国少年报》主持《知心姐姐》栏目。于是，我开辟了一个新栏目——《做人与做事》，同一话题，一篇写给孩子，一篇写给父母。讲给孩子的话，写在《知心姐姐讲座》专栏里；讲给父母的话，写在《知心家庭学校》里。

《做人与做事》栏目开办了三年，我先后写了《做人十大课题》《做事十大秘诀》《一生受益十大名句》，深受广大师生和父母的欢迎。

1999年的夏天，我去内蒙古参加一个作者座谈会，会上内蒙古的一名男老师带着三个小学生站起来说：“卢老师，今天我们要送您一件礼物。《中国少年报》的《做人与做事》栏目同学们都很爱看，但报纸不够分，我们就抄下来了，做了手抄本，大家传着看。这就是手抄本，送给您！”

我接过三大本手抄本，只见每一页都书写工整，而且配了彩色插图。孩子们的用心让我感动得流下了眼泪。读者的信任是对作者最大的鼓励，我决心以《做人与做事》为题，写一本父母与孩子共读的书，我从三年的讲座中，选择了 10 个话题，重新撰写了其中的 20 个故事。

2001 年,在接力出版社的热情帮助下,亲子共读的《做人与做事——我和爸爸妈妈共同的话题》得以出版。这本书发行量突破 160 万册，并荣获中宣部第八届精神文明建设“五个一工程”奖。

2002 年，我主编的《知心姐姐送给孩子的 12 件礼物》，由中国少年儿童出版社出版。

2000 年时浙江发生了一起震惊全国的事件：17 岁的浙江金华中学生用榔头打死了自己的母亲，原因是不堪母亲对其学业上过分的要求和给其带来的精神上的重压。这件事惊动了党中央，国家领导人为此专门发表了关于教育问题的谈话。事发七周后，我去了金华，和这名男生面对面谈了 100 分钟。我真的非常震撼,这名男生的母亲以“我都是为你好”为理由，从小就“绑架”了她的儿子，不给儿子一点自由的空间，致使儿子心灵世界一片荒芜，最终走向犯罪。他被判处 12 年有期徒刑，进了少管所。我一直没有放弃，他服刑期间我年年去少管所看他，和他谈心，我走近他、了解他、鼓励他、帮助他。后来，他减刑六年提前出狱，我又帮他安排了工作。如今，他已自食其力，组建了家庭，成为一个帅气儿子的父亲。

那一年，我作为“预防青少年违法犯罪工程”的爱心大使，加入了共青团中央、全国少工委组织的“为了孩子的今天和明天——全国素质教育报告团”,到各地去巡回报告。每当我走进一个个座无虚席的会场，面对一双双望子成龙的眼睛，我的内心便会掀起波澜。我发现，中国父母从来没有像今天这样关注孩子。我心中一直放不下这件事，朝思暮想：我能为中国的家庭教育再做些什么？一个家庭教育图书系列在我心中逐渐成形:《告诉孩子，你真棒！》(写给父母),《告诉世界，我能行！》(写给孩子),《告诉自己，太好了！》(写给父母、老师和孩子)。

2003 年，长江文艺出版社北京图书中心负责人金丽红和黎波得知我的想法后，给予了我热情的支持和有效的帮助。

2004 年,《告诉孩子，你真棒！》出版了，一下子发行了 100 多万册，这本书产生的社会影响是我始料未及的，至今还有很多读者会说起这本

书对自己的影响。

想起14年前，这本书刚刚出版时，一个妈妈拿着《告诉孩子，你真棒！》来找我，愁眉苦脸地对我说："卢老师，你看！"只见封面上书名的"棒"字，被用铅笔改成了"差"字！"这是我上四年级的女儿干的！她在学校挺好，可我老觉得她不如别人，老说她，所以她对我很有意见！"

我笑了："你女儿很有智慧，用这样的方式表达了对你的意见。你老说孩子差，孩子会越来越差；你常说孩子棒，孩子会越来越棒。什么样的语言环境培养什么样的孩子。"八年后，在一家银行，我再次见到这位妈妈，她笑容满面地告诉我，由于自己的改变，女儿发展得很好，今年考上北京大学了。

金丽红曾说："这本书的价值，不仅仅在于发行数量大，更在于改变了广大父母的教育观念。"

金丽红说得对——家庭教育类的图书与小说不同，它的价值不在于故事情节引人入胜，而在于传播的教育观念能切中时弊。一念之差，就有可能改变一个孩子的命运。

是的，错误的理念，会让孩子变为恶魔；正确的理念，会让孩子变为天使。此后，为父母、为孩子写作，成为我神圣的使命，从那年开始，我几乎年年出一本专著。

2005年"六一"前夕，《告诉世界，我能行——成长面对的50个问题》由中国少年儿童出版社、长江文艺出版社联合出版。

2006年，我主编的《发掘孩子的大脑潜能》由地震出版社出版。

2007年，《好父母 好孩子》《把孩子培养成财富》由漓江出版社出版。书中表达的观念：父母与其把财富留给孩子，不如把孩子变成财富。

2008年，四川汶川发生了大地震。当地震发生的时候，当灾难降临的时候，中国人民团结起来了，我们同时看到了一种伟大的力量——爱的力量，这是道德力量的基石。同年7月，我的新书《卢勤谈如何爱孩子》，由陕西师范大学出版社出版，书中总结出10种爱孩子的方法。

2009年，中国少年儿童出版社出版了“知心姐姐”书系（家庭版）。

2011年，长江文艺出版社北京图书中心约我写了第二本书《长大不容易》。本书传达了“长大不容易，成长有规律”的教育理念，发出了“教育儿童必须符合儿童身心发展的规律和年龄特征，否则会导致不良后果”的呼唤。同年，文化艺术出版社出版了《好父母 好孩子》。

2013年，译林出版社出版了“卢勤家庭教育”系列。

2014年，我主编的《男孩梦》《女孩梦》由北京师范大学出版社出版。

2014年，以“知心姐姐语录”的方式编写的儿童读物《和烦恼说再见》，由中国少年儿童出版社出版。

2017年，由汇智光华策划、广东经济出版社打造的“中国当代家庭教育经典系列”问世了，内含《告诉孩子，你真棒！》《告诉世界，我能行！》《告诉自己，太好了！》。

2017年，《让每个孩子都精彩》由长江文艺出版社出版。

2018年，《悦长大——把孩子当孩子》由现代出版社出版。

这些书的总发行量超过1000万册。

我从48岁开始写书，今年已70岁，一晃22年过去，真是弹指一挥间。回想20多年来写书的历程，我不仅收获满满，还得到许多贵人的指点。中宣部原常务副部长、中国家庭文化研究会原会长徐惟诚（笔名：余心言）四次为我的书作序，给了我极大的鼓励。

在中国少年儿童出版社出版的“知心姐姐”书系（家庭版）中，徐惟诚写了总序，题目是《受欢迎的“知心姐姐”》，其中有几段是这样写的：

> “知心姐姐”写的书是受人欢迎的。孩子欢迎，家长也欢迎。她的每一本新书写出来都很畅销，一版、再版，还不断有人盗版，说明客观上社会对这类好书有着强烈的需求。
>
> 《知心姐姐》本来是《中国少年报》上一个面向读者解答问题的专栏。卢勤同志主持这个专栏多年，最终打造出了这样一个知名的品牌。其中的奥妙何在？
>
> 首先，她爱孩子。一听到有关孩子的事，卢勤就两眼放光。

听到孩子有什么困难，她千方百计也要帮助解决。孩子说什么，孩子的父母说什么，她都能倾听，而且不断地引导、鼓励对方把话说完、说透。这样她就能彻底理解孩子，也能充分理解家长。于是，她说出来的话就能为对方着想，并且从对方的实际出发，真正做到了“知心”。这正是做思想工作、解决问题的最根本的条件。因为做到了这一点，孩子们把她看成“知心姐姐”，家长们也把她看成“知心姐姐”，她就成功了一大半。

其次，她很勤快。她的名字叫卢勤，确实也勤于学习。别人有什么好主意，她就会马上记到自己的小本子上，而且记得特别详细，到时候拿出来就能用。孩子的倾诉，家长的倾诉，她都不厌其烦地一一记下，也记得特别详细。这样，她肚子里就有说不完的有关孩子成长的故事，有成功的经验，也有失败的教训。许多地方都请她去做有关孩子健康成长的报告，她都尽可能地不予推辞，终年四处奔波，一遍遍地讲，讲完了还耐心地回答各种提问。她的思想就在这样的劳顿之中一遍遍地被打磨得更成熟、更精致。她说的道理是正确的，但又不是套话、空话，更不是令人难以理解的官话，而是合乎道理、实实在在、一针见血的大实话，这就自然受到了孩子和家长的欢迎。也许她还有许多其他的重要经验，但我认为这两条是最根本的，也是最重要的。

徐惟诚副部长后来成为中国大百科全书出版社总编辑。他本身就是大作家，工作又十分繁忙，他舍得抽出时间，那么认真地为我的书写序，还给予了高度的评价，让我十分感动，也深受教育。他帮助我总结出“先做好人，再写好书”的道理，让我明白：先要成为读者的知心朋友，写的书才能受到读者欢迎；只有“走进”读者的心，才能“赢得”读者的心。

教育部原总督学柳斌、中国少年儿童新闻出版总社原社长海飞与李学谦，都曾热情地为我的书作序，让我十分感动。

在图书出版过程中，各家出版社的领导、编辑给了我多方面的关心、支持和帮助，不仅使我的写作水平得到提高，也令我的教育思想得到了升华。

更让我感动的是千千万万读者对我的鼓励和支持。无论是爸爸、妈妈、爷爷、奶奶们，还是男孩女孩们，见了面，他们常常会说——读了你的书，我的孩子教育好了，今天如何如何精彩……没见面的，会写信告诉我，他读书后变化有多大……

今年，在北京凤凰中心举办的2017—2018华人教育家大会上，我意外荣获了“华人教育名家”称号。本想我都70岁了，应该和各种奖项告别了，突然又得到这样的荣誉，我内心很激动。在颁奖会上，主持人让我发表获奖感言，我说：“昨天去北京医院做针灸，等待时，一位女士跑过来激动地和我说：‘十年前我看了你的书，我改变了教育儿子的方法，从打骂指责变为鼓励，我儿子变得可好了，今年考上了美国前十名的大学！我一直想感谢你，今天终于见到你了！’说完她情不自禁地和我拥抱。这样的场景，我经常会遇到，也常被感动得热泪盈眶。刚才主持人问我，从事40年儿童教育和家庭教育，我最大的成就感是什么？现在我可以真诚地告诉大家：幸福灿烂的笑脸。”

这就是书的魅力！书可以不受时空的限制，飞到任何需要她的地方；书可以陪伴任何需要她陪伴的人一起成长。我感谢书，给我带来朋友；也感谢书，让我的生命得到延续。

我还要特别感谢在北京凤凰壹力文化发展有限公司的策划下，在我70岁这一年出版了这套“卢勤教育文集”。这是一份对我来说价值连城的生日礼物！她记录下70年来我成长、工作、奋斗的历程，也记录下爱我的师长、朋友、家长、孩子对我的信任和支持。在这里，我谢谢大家！

2018年11月12日夜，北京家中

序言

一句话的力量

一个小男孩，正在船上做工，突然海风袭来，他不慎掉进了波涛汹涌的大西洋。小男孩的呼救声没有人听到。他在冰冷的海水里挣扎，眼看就要沉下去了。这时，老船长慈祥的脸庞突然浮现在他眼前，小男孩顿时有了力量，继续拼命挣扎。就在他即将沉下去的一瞬间，老船长果真驾驶他的货轮赶到了，救起了小男孩。

“孩子，你怎么能坚持这么长时间呢？”老船长问。小男孩答：“我知道您会来救我的，因为我知道您是好人！”白发苍苍的老船长“扑通”一声跪在小男孩面前，泪流满面地说：“孩子，不是我救了你，是你救了我啊！我为我那一刻的犹豫而感到耻辱。”一句信任的话，触动人的心灵，产生了震撼的力量。

生活中多么需要正能量的话啊！

记得我上小学五年级时，悄悄成立了一个做好事小组——“安业民工作组”。哪个同学心情不好，我会悄悄地塞给他（她）一张小纸条，送出一句鼓励的话。那个同学收到纸条后，心情就会好很多。从此，我开始搜集格言、谚语，用来激励自己和别人。

当上“知心姐姐”，我开始写“知心话”，送给我的小朋友和大朋友。我觉得，真正的教育应该是“记得住，忘不了，用得上”的话：

面对自卑的朋友，我送他一句“我能行”，于是，自卑变成了自信；

面对自私的朋友，我送他一句“我帮你”，于是，索取变成了付出；

面对挑剔的朋友，我送他一句“你真棒”，于是，指责变成了悦纳；

面对厌学的朋友，我送他一句“我要学”，于是，厌学变成了乐学；

面对盲从的朋友，我送他一句“我思考”，于是，盲从变成了思考。

一句话可能改变人生。如果你能经常读一些有益的话，你的心灵将得到滋养。

今天，我从多年写的上万条“知心话”中，归纳出29个方面、百余条“知心话”，作为人生的礼物送给你，帮你战胜前进路上的种种烦恼。

这本书的名字叫《和烦恼说再见》。有个朋友问：“为什么要和烦恼说再见呢？我不想再见到烦恼。”我笑答：“这不可能，人生是快乐史，也是烦恼史。”有个人家中挂了一幅画，画上有一个黑点，其余一片白。一位友人来访，见了画，问：“你为什么把黑点挂在墙上？”主人反问道：“这么大一张白纸你没看到吗？”友人不解：“那为什么还要画上这个黑点呢？”主人答：“没有黑点怎么能反衬出白纸呢？”白纸代表快乐，黑点代表烦恼，没有烦恼就显不出快乐。所以，烦恼会伴随人的一生，和这个烦恼“再见”了，就又和那个烦恼“见面”了。人的一生就是在不停地解除烦恼中获得一个又一个新的快乐。今天，我把解除眼下烦恼的武器交给你，你会发现，改变了心情就改变了世界：

如果你把这些话送给沮丧的伙伴，你会发现，他的脸上会露出微笑；

如果你把这些话送给发火的父母，你会发现，他们的火气会小得多；

如果你把这些话送给劳累的老师，你会发现，他的眼睛里会流露出轻松和快乐。

人人需要正能量，希望你传播正能量！

Contents | 目 录

01. 面对胆怯——挑战

改变孩子胆怯的八种聪明方法 …………………… 002

02. 面对缺失——努力

孩子成长的四大缺失 …………………… 007

03. 面对陌生——融入

帮助孩子快速融入集体的三个秘诀 …………………… 014

04. 面对冲突——宽容

宽容是和谐大厦的基石 …………………… 020

05. 面对难事——乐观

将目光集中在快乐中 …………………… 026

06. 面对弱者——体谅

学会体谅和尊重别人的情感 …………………… 031

07. 面对坎坷——跨越

每个孩子都可以很勇敢 …………………… 036

08. 面对歧视——争气

女孩面对性别歧视要自强 …………………… 043

09.面对误解——大度

宽容大度才能与人和谐相处 …………………… 049

10.面对差距——奋进

让孩子“抬起头来” …………………… 056

11.面对嫉妒——赞美

与嫉妒绝交的人才可能优秀 …………………… 062

12.面对厌学——兴趣

正确培养孩子的学习兴趣 …………………… 068

13.面对自卑——自信

培养孩子的自信心 …………………… 074

14.面对诱惑——自律

文明的孩子靠自律 …………………… 080

15.面对冲动——冷静

搞定脾气暴躁的孩子 …………………… 087

16.面对放弃——坚持

坚持才能培养孩子的好习惯 …………………… 093

17.面对挫折——坚韧

困难和挫折是最好的学校 …………………… 098

18.面对批评——自爱

让孩子学会善待自己 …………………… 105

19.面对单亲——理解

离婚后的父母如何面对孩子 …………………… 111

20.面对选择——舍得

想要孩子更优秀，要先学会“舍得” …………………… 118

21.面对虚荣——自省

教会孩子打理财富 …………………………………… 124

22.面对痛苦——忍耐

逃避不如奋起 …………………………………… 130

23.面对困难——积极

家长帮助孩子克服学习困难的方法 ……………… 137

24.面对拒绝——悦纳

从说“谢谢”中学会感恩 …………………………… 143

25.面对暗恋——自尊

尊重孩子才能培养出孩子的自尊 ………………… 149

26.面对孤独——真诚

受益终身的待人接物三原则 ……………………… 155

27.面对尴尬——幽默

倾听能培养孩子的幽默感 ………………………… 160

28.面对贫困——立志

梦想成就最好的自己 ……………………………… 166

29.面对追星——清醒

父母与孩子，对抗不如对话 ……………………… 173

01.面对胆怯
——挑战

面对胆怯，你必须重新认识并相信你自己。

有胆量，才会有机会，才会有发展。在通往成功的道路上，最大的障碍不是别人，而是你自己；没有谁能吓倒你，除非你自己。

“胆小鬼”不会躲在黑暗处，而是隐藏在你的心中。驱走了“胆小鬼”，你就会成为一个“我能行”的勇士。

我身上也有英雄的光彩，我能行！“我能行”不仅仅是一句激动人心的口号，而是对自己价值和能力的挑战，有了这种挑战、这种认识，才会产生自信。从小对“我能行”充满自信，长大了你才有可能去创造人生的辉煌。

改变孩子胆怯的八种聪明方法

“世界是勇敢者的。”这句话是发现新大陆的航海家哥伦布用一生的体验总结出来的。

每个人都有未被发现的“新大陆”，这就是潜能。一般人一生只开发了自己潜能的冰山一角。有勇气去争取胜利的人，才有可能去发现自己的“新大陆”。培养勇气、征服自卑、建立自信最好的办法，就是去做你应该做但又害怕做的事，直到取得成功。下面，我向你介绍改变胆怯，培养勇气的“八大法宝”。

1. 上课大胆发言。上课不敢发言的同学，并不是不会，往往是因为他缺少自信。他常常这样想：“如果我答错了，老师会批评我，同学们会嘲笑我，等下一次再发言吧。”结果，下一次机会来了，他仍然不敢发言，于是他会变得更加胆小。其实他想错了，因为即使他说得不对，老师一纠正，就会明白，而且记得更牢。胆小的人要主动发言，争取第一个发言。

2. 走路挺胸抬头。如果你仔细观察人的走路姿势，就会发现，人走路的姿势能反映出这个人的情绪。自信的人挺胸抬头，自卑的人含胸低头。走路时，你只要把胸挺起来，把头抬起来，就会觉得自己很优秀，别人也会认为你很自信，愿意和你一起做事。

3. 用眼睛注视对方。和别人讲话时，要正视对方，看着对方的眼睛。正视别人等于告诉他：我很诚实，而且光明正大，我相信你说的话是真的。用眼睛正视别人，不但能给你信心，也能赢得别人的信任。

4. 认为自己独一无二。任何一个人都有别人没有的长处。你只要找出自己与众不同的地方，你就会为自己而骄傲，勇气自然会回到你身上。

5. 把“我”想成“我们”。胆怯的时候，往往把“我”想成一个独立的个体，感到无助，产生自卑。如果把“我”想成“我们”，就会减少压力。就拿考试来说，你这次考砸了，你要想一想考砸的绝不止你一个，还会有别人，如果你想着是“我们”考砸了，压力就会小得多。

6. 给朋友写信。感到心烦的时候，如果你给自己的朋友写封信，倾诉自己心中的烦恼，无论对方是否回信，你都会觉得轻松许多。如果对方给你回信了，告诉你这是件小事，不必放在心上，你自己也会认为这没什么大不了的，就不会再为这点事而影响自己的情绪。

7. 面对高山田野大喊大叫。如果你觉得自己实在是胆小怕事，说话声音像蚊子叫，不妨让父母带你去登山或去郊游，面对高山、田野，你可以尽情地大喊大叫，这时，你立刻会觉得自己声音十分洪亮、好听，发现自己原来也很了不起。当然，千万不要在家里、学校或公共场所大喊大叫，那样会影响别人。

8. 常对自己说“我能行”。“我能行”三个字,是一种很强的正信息。你天天对自己讲几遍“我能行”，越是害怕做的事（当然是指做正事、做好事），越要鼓励自己“我能行”，当你做了你一直害怕做的事，你会发现，自己勇气大增，真的很行。

知心故事

英雄也有胆小时

说到航天英雄杨利伟，大家肯定都知道，2003 年 10 月，他搭乘“神舟五号”航天飞船绕地球 14 圈，以 21 小时 23 分钟的太空之旅，成功完成我国首次载人航天飞行，创造了中国航天事业的新历史。

当大家对杨利伟的成功羡慕不已时，大多数人都不会想到，杨利伟曾经历了怎样的艰难和危险。在火箭起飞过程中，“神舟五号”载人飞船返回舱内各种负荷逐渐加大，尤其是当火箭上升到三四十千米的高度时，开始急剧抖动，产生了强烈的共振，这种共振让杨利伟十分痛苦，感觉五脏六腑都要被震碎了。当时，杨利伟甚至想到自己可能会牺牲。但是他没有害怕，而是沉着冷静地做自己该做的事。二十几秒钟过后，共振消失了，杨利伟这才感觉身体舒服些。

大家都说杨利伟真是胆大，是值得我们学习的英雄。其实，杨利伟的胆大并不是天生的，而是后天锻炼出来的。

据杨利伟的父母介绍，杨利伟小时候比较文弱，性格有些内向，胆子也很小。在他八岁那年的一天，妈妈让他到房屋后面的木棚上去取几个红薯，杨利伟站在木梯下，左看右看，觉得木棚太高了，抬头看梯子两条直直的腿，越往上越细。刚爬上两格，他往下一看，就感觉晕晕的，根本不敢睁开眼睛。试了半天，他也没敢爬上木棚，只好无功而返。

爸爸认为，一个男孩子如果胆子太小的话，将来干什么事都难以成功。为了改变杨利伟的性格，每年寒暑假，爸爸都会带他去爬山、游泳；秋天，爸爸就带他去大山里爬树、采摘果实。遇到杨利伟胆怯的时候，爸爸总是鼓励他勇敢地试一试，不试怎么知道自己不行呢？通过一系列的锻炼，杨利伟慢慢地对探险及运动有了兴趣，常常同小伙伴们跋山涉水去野游，寻访古寺遗址，寻觅传说中的“链锁地井”。当然，随着他对探险兴趣日增，他的胆子也越来越大了。

小学三年级那年夏天，学校组织学生去一个机场参观，并观看飞行员驾驶飞机的表演。这次特殊的体验令杨利伟非常激动。回校后，他便在一篇作文中写道：“我长大了一定要当一名飞行员，飞上太空对宇宙进行探秘。”就是这次参观机场的美好体验，让杨利伟树立了远大的人生理想。从此，他一直为这个远大理想而努力，并最终取得了成功。

02.面对缺失
——努力

缺失是成长中的机会，面对缺失，我们别无选择，只有加紧努力，寻求弥补。

人与人聪明的程度相差不是很大，但由于专心的程度不同，取得的成绩大不一样。凡做事专心的人，往往成绩卓著，而时时分心的人，终究得不到满意的结果。

靠千座金山，不如靠两只手。辛勤的双手、努力向上的生命力将给你带来幸福。

每个人在一生中都有成功的机会，但多数人不会成功，因为他们不愿付出努力。

不是天赋，而是努力，形成了人与人成就的差距。

孩子成长的四大缺失

独生子女意味着100%的成功或失败，孩子几乎成了大人的全部，殊不知他从脱离母体起就是一个独立的个体。当前孩子在成长过程中面临着以下四方面的缺失，需要引起家长和社会的注意。

一、缺失童年快乐——“三大三小”的困惑

走近孩子，觉得今天当孩子真累，今天当家长真烦，今天当老师真难。作为“知心姐姐”，我这两年真切地感受到孩子心中的不快乐，为什么不快乐呢？有两个原因：孩子太累，没有空间。

孩子心中的好日子不是有多少钱，而是有一个宽松和谐的成长空间。今天的孩子存在“三大三小”的现象：生活空间越来越大，生长空间越来越小；住房面积越来越大，心灵容积越来越小；学习压力越来越大，学习动力越来越小。孩子的精力被繁重的学习、兴趣班占据，没时间阅读、运动、亲近自然，这些都违背了孩子的天性，必定对其发展产生负面影响。

孩子最发愁的事——不会写作文。有一个老师跟我说，他给学生布置了一篇作文“我做了一件好事”，全班70%的孩子写的是捡钱包，加起来捡了37万元。孩子们看得最多的是爸爸妈妈给买的《优秀作文选》，脑子里的东西都是书上的，没有真情实感，没有自己的感悟，怎么能写好作文？所以我今天跟很多爸爸妈妈说，节假日多带孩子出去玩玩，多接触大自然，让他们的眼界宽一些。眼界有多宽，就能走多远。

现在的爸爸妈妈节假日愿意带孩子出去了，但是“人去心没有去”。爸爸拿着手机不停地打，妈妈把旅游变成了购物，孩子跟着什么也看不着。三个人上山爬几步照一张相，回家就看这张笑得挺好、那张闭眼了，大自然什么样全忘了。孩子脑子里的东西都是看来、听来、做来的，大自然会给孩子很多的智慧。爸爸妈妈们，珍惜孩子的童年吧，让他把该玩的玩了、该看的看了、该走的路走了。

二、缺失学习动力——没有目标和动力不可能成功

现在的孩子学习好像都是替家长学习。今年高考，一位家长问孩子：“今天考得怎么样？”孩子说：“都给你写出来了。”

在外国的一个工地上，有三个工人正在搬砖。问他们在干什么，第一个人回答：我在搬砖；第二个人回答：我要赚钱养活一家人；第三个人回答：我正在建造一座宏伟的教堂。后来，第一个人仍在干搬砖的活，第二个人也就只能赚到维持一家生计的那点钱，而第三个人则成了一位著名的建筑师。

孩子们为什么不爱学习？就是因为他没有找到目标。有梦想才有可能成功。梦想从社会的需要中来。一个孩子的爷爷生病了，看到病床上的爷爷，这个孩子就决定努力学习，长大了要当医生。所以，现在人们应该有这样的意识：职业设计要从中学开始，要早给人生设计未来。

其实考大学只是一个过程。在孩子小的时候要多带孩子到社会生活中了解各种职业，或者在和亲戚朋友见面时认真地给孩子介绍对方的职业，让孩子了解某个职业到底是干什么的。或许孩子就会对某个职业感兴趣，孩子思考得越早，了解得就越具体，目标就会越明确。

梦想还来自于成就感。1960 年，《中国少年报》就有了“知心姐姐”栏目，我写信给“知心姐姐”，“知心姐姐”给我回了信，所以我特想当“知心姐姐”；初二的时候，我第一个加入共青团，就开始与同学谈心；初三时，我有了一个梦想：考上中国人民大学新闻系，将来当“知心姐姐”；20 岁的时候，我成为知青的“知心姐姐”；1978 年，《中国少年报》复刊，我给报社写了一封信，希望能到报社工作，没想到，第二年

我真的来到了报社。

三、缺失亲情沟通——“青春期”和“更年期”提前碰撞

现在孩子十几年的成长经历胜过了过去的几十年，他们在社会不断的变化中长大。

一位妈妈困惑地对我说，女儿上初二，爱吃爱喝爱打扮，就是不爱学习。妈妈狠狠心花400元钱陪女儿看舞剧《白毛女》，希望她能受到教育，可女儿想都没想地说：“我看喜儿的悲剧全是他爸杨白劳造成的，逼着自己的女儿抵债。再说了，喜儿也够傻的，黄世仁那么有钱，嫁给他算了，干吗自己跑到山洞里当白毛女。”

同样，孩子的事情爸爸妈妈也不理解。现在的孩子由于营养过剩，提前进入了青春期，青春期最大的特点是跟大人较劲；爸爸妈妈压力太大，提前进入了更年期，更年期最大的特征是跟孩子较劲。你不懂我，我也不懂你，再加上两方心态都不是很好，你让我朝南我就朝北，你让我干什么我偏不干什么，青春期碰上了更年期。

所以，沟通成了今天家庭教育最大的主题。其实，沟通就是倾诉与倾听。学会倾听，孩子肯定有什么事就会愿意跟你讲。有了你的倾听，孩子才会感到他存在的价值。

四、缺失成就感——过高的期望带给孩子无望

为什么孩子会离家出走？为什么会迷恋网吧？就是爸爸妈妈老是拿自己的孩子跟别人的比较，总觉得自己的孩子是沙子，人家的孩子是金子。

很多人都说，如今，中国的孩子学习最刻苦、成绩最优秀，可中国的爸爸妈妈对孩子的满意度最差。我有一个朋友的儿子在美国读书，学校里中国孩子、美国孩子一块在操场打球，中国孩子十个球进了九个，中国妈妈不满意：“那个球怎么没进去？”美国孩子十个球进了一个，美国妈妈说：“儿子你太棒了！”中国妈妈认为美国妈妈对孩子要求太低，但是，有成就感的是进一个球的美国孩子，有失败感的是进九个球的中

国孩子。

中国的家长不为孩子得到的而欢呼，却为失去的而遗憾。今天孩子成长的路上缺的不是老师，是观众。谁为孩子鼓掌喝彩？家长都在挑孩子的毛病。这样比来比去，孩子的潜能就会被压制。

我小时候有两大爱好：一是画画儿，二是跳舞。5岁时我画了一只大公鸡，我母亲说："太好了！我早就说过，你画的公鸡比我养的还漂亮！"于是，我更爱画画了，黑板报从小学一年级画到高三，到农村插队给农民办报，后来又去了《中国少年报》。小学毕业时，北京市舞蹈学校来招收小演员就有我一个，结果不幸的事发生了：当我手背后、脚站直后，有个老师从我身边走过，瞟了我一眼："腿都不直还跳舞呢！"从此之后，我一跳舞就想起那句话，后来就不敢多跳了，再后来干脆不跳了。

所以我对父母说，孩子从小生长在"你不行"的环境中，慢慢地会把"你不行"内化为"我不行"，他就真的不行了。每个孩子都有自己的潜能，而潜能的发挥是需要机会的。爸爸妈妈要学会用语言激励孩子，把孩子"行"的地方找出来，这样他才能享受到成功的快乐。

姚明，曾为一双鞋奋斗

小巨人姚明，著名的篮球明星，可以说无人不晓。一提到篮球，大家肯定会想到他。说起来很多人会不信，姚明最开始打篮球的目标，并不是拿中国职业篮球联赛（简称 CBA）冠军、进入国家队，更不是为去美国职业篮球联赛（简称 NBA）打球，他刻苦训练，只是为自己那双特大的脚找一双合脚的鞋子。

这也难怪，刚读小学三年级的时候，姚明的身高已达到 1.70 米，要穿 46 码的鞋子，而市面上能够买到的最大的篮球鞋是 48 码。等到姚明进入上海东方男篮青年队时，48 码的篮球鞋也已经容不下姚明的脚了。

这件事情最让姚明着急：没有鞋可穿，还怎么打篮球啊？妈妈方凤娣也十分担心儿子那双穿着小鞋的大脚。一想到那种挤脚的疼痛，她就心疼。

方凤娣只要到北京八一篮球队去，就会向曾经的老队友要一些大码的鞋。姚明自己在青年队，每年也能领回两双大码的回力牌球鞋。可是，青年队的日程安排很紧，每天有四次训练，早操、上午、下午、晚上。没完没了的训练，让这些小队员们的头发从来都没有干过。这种情况下，每年两双鞋，怎么够穿呢？所以，当时姚明的鞋子经常是缀满了补丁，烂得不成样子，但他还把它们当成宝贝，不舍得丢呢。

1996 年，上海东方男篮成立之初，获得了耐克公司的赞助，可以为队员提供定制的篮球鞋，但这只限于一线队伍。于是，15 岁那年，姚明有了一个梦想——我一定要努力，争取进一队，那样就能有定制的鞋子，就不愁没鞋穿了！当年，姚明还曾向室友刘炜说过自己这个“远大志向”呢。

为了自己心中这个简单，甚至说来有些可笑的目标，姚明训练起来十分刻苦，也很动脑筋。当姚明需要穿53码的特大号鞋子，他和妈妈都已经没任何办法弄到时，姚明顺利进入了一队。

从此，耐克公司开始为他特制球鞋，姚明再也不用为球鞋发愁了。

要知道，当初青年队的十几个人，最后只有姚明、刘炜等四名球员进入了一队，其他人都被淘汰了。这背后，姚明付出了多大的努力可想而知了。

姚明能够记起很多事情，却唯独记不清自己穿坏了多少双鞋子。

03.面对陌生
——融入

面对陌生，你要主动伸出手，奉献你的力量！一回生，二回熟，你来我往，陌生人就会成为朋友。

面对陌生，你要主动付出，付出才能融入。你帮助了别人，别人才会记住你。你为集体付出爱心，集体就会拥抱你！

如果把世界比作海洋，那每个人都是其中的一滴水。只有打开你自己，才能融入世界的海洋中。

孤独无助的人，是因为只看到自己的力量，而没有看到与人合作的力量；幸福的人，是善于与人合作、共享快乐的人。

帮助孩子快速融入集体的三个秘诀

在三亚马云公益基金会“重回课堂”活动上，马云谈到了对于团队合作的看法。他认为，现在中国很多家庭只有一个孩子，这些孩子并不懂得如何进行团队合作。他说：

“中国年轻人的团队合作最糟糕，他们没学过，不是他们不会团队合作。团队怎么出来？打篮球的时候，这家伙从来不传球给别人，就自己扔，没有人跟你玩的时候，他就懂得，不配合没有人跟他玩。中国的运动，基本上个体运动都非常好，乒乓球、羽毛球，一对一特牛。但运动很多是竞争性的冲突，我们缺乏冲突，运动是在冲撞中处理问题，在冲突中把握。”

“我自己觉得中国足球进步取决于中国团队文化、竞技文化。我们国家和民族从现在开始要重视团队、重视竞争力、重视规则。”

学会与人合作，是成功的开始。合作，指的是人与人之间相互配合。一个人能否成功，很大程度上取决于他的合作能力。“我能行”的含义，并不是“只有自己行,别人都不行”,恰恰相反,是“取人之长,补己之短,取长补短走天下”。

现代社会需要富有合作精神的人。有的父母很爱自己的孩子，但是却不愿意让自己的孩子与别的孩子玩，孩子慢慢地养成了孤僻的性格，很不合群，长大以后常常因为不能处理好人际关系而陷入苦恼之中。

你想让自己的孩子拥有快乐的人生，就一定要让他从小学会与人合作。

一、学会与人合作，就要真正认识到别人很重要

与人交往，一定要尊重人，使对方觉得他在你心目中很重要。我想起一个故事：在纽约街头，一个乞丐打扮的人在地摊上卖铅笔。一个商人从他身旁经过，把一枚一美元的硬币丢进放铅笔的杯子里，匆忙踏进地铁。但他停了一下，又转身回来，走到卖铅笔人跟前，从杯中取走几支铅笔，并很抱歉地解释说，他匆忙中忘记取走铅笔，希望这个人不要太介意。他还说道："你跟我都是商人。你是在卖铅笔，而且上面都有标价。"说完，他赶下一班地铁走了。几个月后，在一个社交聚会上，一位穿着整齐的推销员迎向这个商人："你可能忘记了我，我也不知道你的名字，但我永远也忘不了你。你就是那个重新给我自尊的人。我从前是个卖铅笔的乞丐，直到你那天告诉我，我是一个商人为止。"

在这个世界上，每一个人都有很大的潜能，你不仅要知道自己的潜能，也要了解别人的潜能。你尊重了别人，别人也会尊重你，这样，你和他才有可能成为真正的朋友，你的事业才有可能获得成功。

二、学会与人合作，就要对别人真诚地感兴趣

一个人只有真诚地对别人感兴趣，他才会得到很多朋友。有的父母只要孩子关心自己的学习成绩，其他的事情一律不许过问，久而久之，孩子养成了只关心自己的习惯，只要求别人满足自己，至于别人有什么困难，他们并不去想。他们享受不到帮助别人和得到别人帮助的乐趣。

一个作家要想写出畅销书，一定要对读者感兴趣；一个艺术家要想赢得观众的掌声，一定要对观众感兴趣。

一个名叫哲斯顿的大魔术师，40年中到世界各地去演出，共有6000万人看过他的表演。他的成功的秘诀之一，就是他始终对别人真诚地感兴趣。他总对自己说："我很幸福，因为这么多人来看我的表演。我要把最高明的手法表演给他们看。我爱我的观众，我爱我的每一个观众。"

孩子终究要走上社会，无论从事什么工作，都要和人打交道，只有对自己工作的对象感兴趣，才能焕发出一种热情，一种创造力。

三、学会与人合作，就要给予别人诚挚的关怀

人与人之所以成为朋友，正源于他们之间相互惦记，相互牵挂。一次，我去宁波采访，当地一群《中国少年报》小记者听说了，先跑来采访我。一个女孩问："我们有苦恼找知心姐姐，知心姐姐有苦恼找谁呀？"

诚挚的问话，一下子暖到我的心里。我当了那么多年"知心姐姐"，经常听到孩子向我倾诉自己的烦恼，却很少有孩子关心我的烦恼。我激动地对她说："谢谢你对我的关心。我烦恼的时候，一是靠自己的好心态，更多的是靠朋友。"被人关爱的感觉真好！

几年前的一天，我在信阳人民广播电台做直播节目。节目结束后，刚从直播室里走出来，早已等候多时的12岁的林辰扑了过来，一声轻轻的"知心姐姐，我真的好想您……"说得我两眼噙满了泪水。林辰是大别山一只勇敢的"小鹰"，她从小患白血病，一直遭受着病魔的折磨，但她都表现得十分坚强。三年前做大手术，在她一再请求下，医生准许她把《写给年轻妈妈》一书带进了手术室。她说，她是靠着"知心姐姐"说的"我能行"战胜病痛的。

我与林辰交谈时，一位年轻的妈妈手捧一本纪念册请我留言。我搂着小林辰说："你想个词，我来写。"林辰深思了片刻，说："知心姐姐，就写'遇到困难都说我能行'吧！"

"好，好……"我连连夸赞着。

这时，又一个笔记本递过来，我把目光投向林辰。林辰思考了一会儿，凑到我的耳边轻声说道："栽个跟头爬起来，说声'太好了'。"我听出来了，这是我书中的一句话，她竟然记得这么牢！

临走，林辰送我一个漂亮的小瓶子，里面装满了彩纸折叠的小星星。"这99颗小星星是我亲手叠的。有人说，第99颗星是幸运之星……"林辰说着，脸上露出灿烂的笑容，而我却被感动得掉下了眼泪。

以书结缘

因为爸爸妈妈的工作变动，易阳随着他们离开了美丽的山城重庆，来到北京。虽然北京是历史古都，文化氛围很浓，还有那么多好玩好看的地方，可易阳就是不喜欢这里。她心里放不下她的故乡，那里空气清新，景色很美，还有麻辣的红汤火锅，更重要的是，有和她从小玩到大的同学和朋友。

尽管新家很大，也很漂亮，但易阳还是怀念原来的小家，觉得那里更加温馨。她几次想向爸爸妈妈提出来回去，但她知道他们根本不会答应。

整个寒假，易阳用看书和玩电脑来打发时间，性格也变得越来越孤僻，不愿意与人交流，因为她觉得她和这里的人不是一类人。

看到易阳这种情况，父母也很担忧。其实，易阳何尝不想融入这个新环境中呢？就怕新环境不接受自己啊！寒假过后，易阳来到一所新的学校插班就读。看着同学们一张张陌生的面孔，易阳在做自我介绍的时候都不敢大声。同学们都很热情，但易阳还是觉得自己好像和同学们距离很远。

午休的时间不长，易阳不敢和同学们出去玩，也不敢和身边的同学说话，就拿出自己喜欢的课外书来读。从小到大，易阳最喜欢看书，只要有书看，她就一点儿也不会觉得无聊。正在她看得专心时，坐在前几排的嘉荣不知何时来到了她的身边，指着那本书问她："你自己的？"易阳慌乱地抬起头，回答："是。""哦，"嘉荣拿起书翻了翻又问："你很喜欢看书？"易阳点点头。

嘉荣用欣赏的眼光看了看易阳，又扫了一眼那本书问："你看完了，能借给我看看吗？”易阳立刻说：“没问题，我已经看过一遍了，你现在就可以拿去看。”“谢了啊！”嘉荣拿着书，高兴地走开了。几天以后，嘉荣把那本书还了回来。她指着封底其他的书名问易阳：“你还有哪些？能拿过来借给我看看吗？”易阳指出了好几本，为了让嘉荣看清楚，她把自己有的书都用圆珠笔画了出来，并答应都借给嘉荣看。这下，易阳藏书丰富的消息一下子在班里传开了，同学们纷纷来找她借书看。为了让大家都知道自己有什么书，易阳还特意做了一张书目表供大家挑选。

因为看书结缘，同学们都喜欢上了大方的易阳，玩的时候叫上她，聊天儿时也喊上她，易阳再也不觉得无聊了，每天都开开心心的，往日的沉默寡言一去不回了。

每天看着女儿开心快乐的笑脸，爸爸妈妈是喜在脸上，乐在心里。

聪明的易阳也因此明白：面对陌生，融入是多么重要，多么幸福！

04.面对冲突
——宽容

面对冲突，如果你剑拔弩张，对方只会攥紧拳头，和你决一死战，结果只能是两败俱伤；面对冲突，如果你伸出双臂，对方也会面带微笑，伸手迎接，结果一定是双方幸福地拥抱。

面对冲突，如果对方是火山，你就化为大海，因为大海能包容火山；面对冲突，如果对方是冰山，你就化为太阳，因为阳光能融化冰山。

和父母发生冲突时，我们是不是可以做到“缓冲三部曲”？

第一曲：忍着不说。这表现了你的气度和修养。

第二曲：想好再说。亲子之间有话要说出来，但是要想好了再说。

第三曲：好话好说。宽容大度地说，别人听了悦耳。

“一个人的心胸有多宽广，他就能赢得多少朋友。”宽容是能站在对方的立场，将心比心，体谅对方的感受。付出宽容，你将收获无穷。

学学大肚弥勒佛——开口便笑，笑古笑今，凡事付之一笑；大肚能容，容天容地，于人何所不容！

宽容是和谐大厦的基石

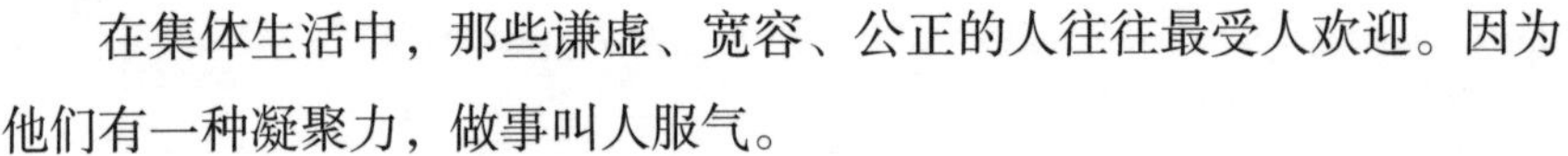

在集体生活中，那些谦虚、宽容、公正的人往往最受人欢迎。因为他们有一种凝聚力，做事叫人服气。

我觉得，在一个班级集体中，最重要的是要形成一种和谐的气氛环境。这种和谐，体现在人与人之间相互欣赏、相互肯定、相互善待和相互学习上。大家在一起时有说有笑，分别时难舍难分，长大了还会相互思念。这就叫友谊。

没有宽容就没有友谊，没有善待就没有朋友。我曾经给一些同学讲过一个故事：

有一个人在拥挤的车流中开着车缓缓前进。当他等红灯的时候，一个衣衫褴褛的小男孩敲着车窗问："先生，要不要买花？"他刚刚递出去五块钱绿灯就亮了，后面的车猛按喇叭催促。可是，那个男孩还在问喜欢什么颜色的花。于是，他非常粗暴地对男孩吼道："什么颜色都可以，你只要快一点就行了！"男孩很快地选了一束花送过来，并且十分有礼貌地说："谢谢您，先生。"

又开出一小段路后，那人有些良心不安了：自己态度这样粗暴无礼，可对方却只是个孩子，而且还是那样有礼貌……于是，他把车靠到路边停下来，下车走回男孩身边，道了歉，并又掏出五块钱，让男孩自己也选一束花送给喜欢的人。男孩笑了笑，再次道谢后接过了钞票。

可是，当那人再回去发动汽车时，却发现车子出了故障，动不了了。一通忙乱之后，他只好决定步行去找拖车帮忙。谁知就在这时，一辆拖车突然停在了他的车前。那人惊喜万分。拖车司机笑着走过来对他说：“先生，需要帮忙吗？有个小男孩给了我十块钱，请我过来看看。对了，他还写了一张纸条。”那人接过纸条打开一看，上面只写着一句话：“这代表一束花。”

小男孩的故事令人感动。虽然他只是一个衣衫褴褛的穷孩子，虽然他只是靠卖花挣点钱填饱肚子，但是，他却得到了人们的尊敬。因为他拥有一颗博大的爱心！拥有一个宽容的胸怀。正如法国大文豪雨果所说：“世界上最宽阔的东西是海洋，比海洋更宽阔的是天空，但比天空还要宽阔的，却是人的胸怀！”

所以说，宽容是和谐大厦的基石，融洽的集体关系都是建立在宽容相待的基础上的。那我们怎么做，才能形成一个和谐的集体呀？答案其实很简单：需要集体中的每一个成员都拥有一颗宽容之心；每个人都要客观、全面地看待别人，并对别人作出公正评价。

我们生活在这个世界上，谁也不比谁多个三头六臂，都是普普通通的人，所以一个人不可能什么都好，没有一点缺点；也不可能什么都不好，没有一点优点。“尺有所短，寸有所长”“金无足赤，人无完人”，只要我们每个人都尽量发挥自己的长处，相信我们的集体就会充满和谐的阳光。

我总结了宽容的五大好处，供你们参考：

1. 宽容的人爱记住别人的好处，总是心存感激，所以乐意帮助他的人多。

2. 宽容的人能与人同乐，给人快乐；自己也是只记快乐，不记烦恼，所以他的快乐比别人多。

3. 宽容的人善于发现别人的优点，肯定别人的长处，所以他的朋友多。

4. 宽容的人善解人意，能够体谅别人，尊重别人，所以愿意与他合作的人多。

5. 宽容的人对别人宽容时，必定对自己宽容，因而计较得少，知足常乐，所以他的“财富”多。

还有一点你也要牢牢记住：宽容的敌人就是嫉妒。它可是对人坏处多！为了帮助你认清它的“真面目”，我也总结了嫉妒的五大坏处：

1. 嫉妒的人往往近视，不愿看到别人的长处，拒绝向别人学习，所以他不聪明。

2. 嫉妒的人常常会对他人的“坏事”感到快乐，对他人的“好事”感到痛苦，所以他永远痛苦。

3. 嫉妒的人常常忍不住在背后诋毁别人，说别人的坏话，所以他没有朋友。

4. 嫉妒的人永不休假，会一刻不停地记恨别人，有机会就攻击别人，所以他心里很累。

5. 嫉妒的人常自寻烦恼，因为他心中的“敌人”正是自己，所以他一生不得安宁。

评价，正是对每一个人宽容与嫉妒的最好考验。面对评价，我们要以和谐为重。如果人人都能发挥自己的长处，人人有事做，事事有人做，那么，这个集体必定是一个团结向上的和谐团队。

爸爸妈妈，对不起

往常，张浩不到6点半就回家了，正好可以赶上妈妈做的晚饭。

可今天晚上，都8点了，张浩还没回来。妈妈着急得不得了，生怕张浩出什么事。妈妈越想越害怕，还总是往很糟糕的地方想，这也许是人们的思维习惯。

直到8点半，张浩用钥匙开了门进到家里，妈妈悬着的一颗心才放了下来。面对妈妈焦急的表情，张浩没做一点解释，就回到了自己的房间，然后关上了门。

妈妈的火气“腾”地上来了，她猛地推开张浩房间的门，走到张浩的面前，大声说：“你这么晚回来，也不和我说一声，你不知道我有多着急吗？”“说什么说，我这不是回来了吗？大惊小怪！”张浩头也没抬地说。

妈妈被张浩的态度彻底激怒了：“你要不是我儿子，我才懒得担心呢！你怎么就不理解父母的良苦用心呢？吃饭了没？”“吃了！”张浩回了一句。“在外面吃，你也不提前告诉我，害我白忙一场！”妈妈简直要被张浩气疯了。

“没带手机，不是你不让带吗？”张浩理直气壮地反驳。“外面到处都有公用电话啊，怎么不打？”妈妈不依不饶。

“你总怕我乱花钱，给我那么一点钱，花没了。”听着张浩的回答，妈妈彻底无语了，眼泪流了下来，转身走出了张浩的房间，看着桌子上的一盘盘菜，自己一下班就赶往菜市场，买回来麻利地洗、炒，就为了张浩进门能吃上热乎饭。可是，唉，这孩子，怎么这么不懂事啊！妈妈越想越伤心，禁不住低低地抽泣起来。

这时，加班回来的爸爸开门进来，听妈妈说了事情的来龙去脉，马上火冒三丈地来到张浩的房间，训斥张浩："你这孩子真是不懂事，回来晚了也不和你妈说，快向你妈道歉去！""不去！"张浩扭过头去。爸爸更来气了,上前推了张浩一把。张浩被激怒了，攥紧拳头，青筋暴起，用眼睛逼视着爸爸，一字一句地说："你要不是我爸爸，敢再招惹我试试？"爸爸惊呆了，没想到一向乖巧的儿子会有这种反应。正愣怔间，妈妈冲了进来，把爸爸拉走了。否则，一场父子大战在所难免。

这天晚上，妈妈和爸爸都没吃晚饭。隔着屋门，张浩能听到他们深深的叹息。

第二天早上，张浩早早就去上学了，爸爸妈妈在餐桌上发现了张浩留下的纸条，上面写着："爸爸妈妈，对不起！昨天都是我不好，请你们原谅我。但是事出有因，我的一个好朋友因为游泳出意外淹死了，我很悲伤。"爸爸妈妈看着纸条流下了眼泪，他们真后悔，如果昨天好好与孩子交流，冲突就不会发生。看来，倾听才能加深理解，理解才能减少误解。孩子在成长中，难免会遇到各种问题，父母要及时了解，才能给予孩子有效的帮助。

05.面对难事
——乐观

生活像一面镜子，你对它笑，它就对你笑；你对它哭，它就对你哭；你对它发怒，它就对你发怒；你善待它，它就一定善待你！所以，真正制造快乐和痛苦的工程师不是别人，正是镜子里的自己。

试着在沮丧、失败、烦恼的时候微笑，相信微笑能战胜沮丧，驱走烦恼，也会击垮你的消极情绪。

心里快乐了，你就会发现快乐、享受快乐、传播快乐。

营造一个积极向上的氛围，创造一个轻松愉悦的环境，常看看幽默小说或漫画，听听相声，看看小品，在不知不觉中你就会变得开朗起来。

生活中，你的目光集中在哪里？集中在痛苦和烦恼上，你的生命就黯然失色；集中在快乐上，你将看到幸福美好的人生。

乐观是快乐的根源。保持乐观的唯一方法，就是紧紧抓住生活中的每一次快乐，每天都有好心情。

当你在生活或学习中遇到困难时，先别着急灰心丧气发脾气。教你一句妙语吧，百试百灵，那就是——高高兴兴地对自己大喊一声："太好了！"

将目光集中在快乐中

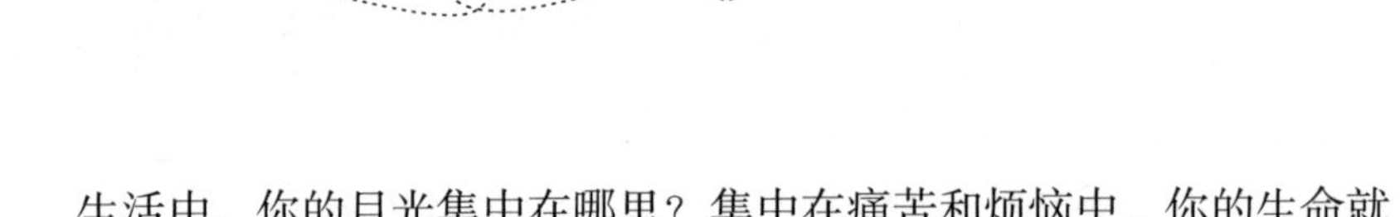

生活中，你的目光集中在哪里？集中在痛苦和烦恼中，你的生命就会黯然失色；集中在快乐中，你将会看到幸福美好的人生。

乐观是快乐的根源。保持乐观的唯一方法，就是紧紧抓住生活的每一次快乐，每天都有好心情。

有位爸爸说，他有两个儿子，一个乐观，一个悲观。爸爸觉得，应该给悲观的孩子多一点快乐。于是有一天，他把所有能买的玩具都买了下来，放进悲观孩子的卧室里；然后，又在车房里堆了一大车的马粪，送给乐观的孩子。

第二天早晨，这位父亲发现，他那悲观的儿子正坐在房间里哭泣。

"你为什么不玩你的那些新玩具呢？"父亲奇怪地问他。

"我不敢。我很担心会把它们弄坏。"悲观的儿子哽咽着说。

父亲摇摇头，无可奈何地走进车房，却看到他乐观的儿子正兴高采烈地在粪堆里玩呢。

"你这是在干什么？"

"哦，爸爸！"儿子兴奋地叫道，"这太酷了！我知道，你一定在里面藏了一匹小马！"

父母都希望孩子快乐，但是这个故事告诉我们，快乐不是别人给予的，而是自己感受到的。父母不能只给予孩子物质的满足，更重要的是给予孩子感觉快乐的能力；不能只满足让孩子拥有玩具，更重要的是让孩子拥有好心情。

好心情是可以互相传染的。爸爸妈妈有了好心情，孩子也会快乐起来；老师有了好心情，学生也会快乐起来。

女儿要去考试了，胆怯地说："妈妈，我真害怕，考不了第一，别的同学会怎么看我？"你微笑着说："太好了！我的女儿要上考场了！别想结果，只想过程。平时怎么学，考试就怎么写。妈妈不在乎第一，而在乎你平时的努力。"

女儿考试获得了好成绩，你会微笑着说："太好了！你的努力没有白费！"女儿考砸了，你也微笑着说："太好了！这回你知道自己哪儿不会了！成功永远躲在失败的后面。"

儿子想当班干部，最终当选了，你微笑着说："太好了！你有机会为大家服务了！"如果落选了，你也要微笑着说："太好了！你把成功的机会让给了别人！"

有时，我们对快乐的看法会本末倒置。如："好好学，成功了，你就会快乐。"其实应该说："你快乐，你就可以好好学习，可以更加成功。"

孩子拥有了"太好了"的心情，就拥有了让人生快乐的财富。

心“晴”天就晴

刘妈妈是一个坚强的女人，孩子很小的时候丈夫就去世了，她一个人带着两个儿子生活，那种困难和辛苦可想而知。俗话说，再苦的日子也会有到头的时候。十几年后，刘妈妈的两个儿子都长大了，大学毕业后各开了一家小公司，大儿子做棒冰销售，小儿子做伞的生意，都做得不错。

本来可以从此享清福的刘妈妈却因为两个儿子的生意发愁了。为什么呢？原因是这样，你说盼着晴天吧，大儿子的棒冰就会卖得好；要是下雨天呢，小儿子的伞就会卖得更好。手心手背都是肉，刘妈妈不知道该盼晴天还是雨天了。因为总是心情郁闷，刘妈妈的身体也越来越差，每天都没有精神。

两个儿子见妈妈的身体不好，都很担心，轮流在妈妈身边伺候，把自己的生意都耽误了。刘妈妈听说这种情况后，心里更是着急了。

有一天，刘妈妈到公园里散步，正好碰到了自己原来一起工作的老同事。老同事一看刘妈妈病恹恹的，惊讶地问：“你怎么了？听说你的两个儿子都很有出息，你现在正是享清福的时候，怎么看起来好像是得了一场大病似的，脸色这么差啊！”刘妈妈见到老朋友，感觉像是见到了久违的亲人，就把自己的苦水倒了出来。老同事听了刘妈妈的话后，哈哈一笑，拍着刘妈妈的肩膀说：“你啊，得这么想：要是晴天，你就想，我大儿子的棒冰会卖得好；要是雨天，你就想，我小儿子的伞会卖得好。不管晴天还是雨天，我的儿子们都能赚钱，都是好事，有什么好发愁的。”真是听君一席话，胜读十年书，刘妈妈自从听了老同事的话后，不再像以前一样总是往坏的一面考虑问题，凡事都往好的方面想。无论是晴天还是雨天，刘妈妈都会微笑着说："太好了！"时间长了，她身体慢慢恢复了，心情也好了。

两个儿子见妈妈的身体好了，又把精力都放在怎么做好生意、发展新客户上，生意还真是越做越好了。

刘妈妈看在眼里，喜在心里，每天都是嘴角弯弯，觉得这日子越过越有滋味了。

刘妈妈用自己乐观的心态改变了自己，还改变了两个儿子的命运。真是：改变心情就改变了世界！

06.面对弱者
——体谅

当你去帮助一个弱者时，你一定要平等地做他的朋友，而不是可怜他，更不要居高临下去施舍。

弱者需要同情，更需要体谅。

请相信，今天你对他人的付出和帮助，未来的某一天一定会以另一种方式回报给你。

帮助别人，不仅要帮助弱者，有时也要帮助你的竞争对手。

当你面对一个弱者时，你一定要设身处地为他着想。经常想一想，假如你是他，你会怎么样?

真正成功的人，绝非只靠他的聪明才智，更重要的是靠他广阔的心胸和非凡的气度。

学会体谅和尊重别人的情感

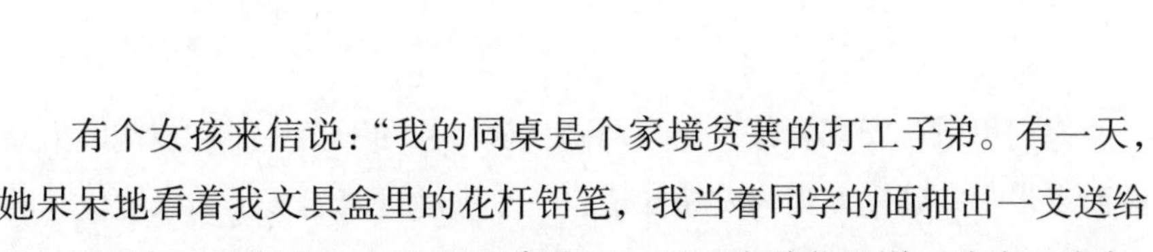

有个女孩来信说："我的同桌是个家境贫寒的打工子弟。有一天，她呆呆地看着我文具盒里的花杆铅笔，我当着同学的面抽出一支送给她，可她却一再拒绝，怎么也不肯收下，还一个劲儿地说：'我有，我有，我只是看看！'知心姐姐，我真不明白，她明明没有，为什么要说有呢？"

你是不是也有过和这位女孩一样的烦恼？你常常想主动帮助有困难的同学，可他却拒绝你的帮助，你百思不解，我好心帮他，他为什么不领情呢？

我听过一个动人的故事：

一个初春的假日，妈妈在储物间整理家人的冬衣。9岁的安娜伏在不远的窗台上，兴致勃勃地向外张望，不时地告诉妈妈院子里又开了什么花。

妈妈无意中发现，安娜的羊绒大衣两侧的口袋里各有一副手套，两副手套一模一样。

"安娜，是两副手套叠起来才够保暖吗？"妈妈不解地问。

"不是的，妈妈，它暖和极了。"安娜扭过头来看了看手套，明媚的阳光落在她微笑的小脸蛋上，异常生动。

"那为什么要两副呢？"妈妈更加好奇了。

安娜抿了抿小嘴，认真地说："其实是这样的，我的同桌翠丝买不起手套，但她宁愿自己长冻疮，也不愿意去救助站领

那种难看的大土布手套。平时她就敏感极了，从不无缘无故接受同学的礼物。妈妈给我买的手套又暖和又漂亮，要是翠丝也有一双，就不会长冻疮了，所以我就买了一副一模一样的放在身边，如果装作因为糊涂而多带了一副，翠丝就能欣然地戴我的手套了。”安娜清澈的双眸像阳光下粼粼的湖水，“今年翠丝的手上就不会生冻疮了。”

妈妈欣慰地走到窗边拥抱了自己的小天使，草地上一丛丛兰花安静地盛开着，又香又暖。

你们想想，安娜为什么要买两副一模一样的手套，而且装作因为糊涂而多带了一副呢？因为安娜知道，一个家境贫寒的孩子和家境优越的孩子在一起时，她需要的不仅是物质上的帮助，更需要精神上的尊重。当众接受礼物，会让这位贫困女孩觉得自己很没面子，所以谢绝了好意。安娜想到了这一点，希望翠丝能轻松自然地收下自己的手套。

我们想要帮助别人，常常出于同情、怜悯，而忘记了“体谅”别人，让别人觉得没有了面子，所以他们通常会谢绝我们的好意。

一起上厕所的理想

9 月初开学，雷佳就是个小学生了。开学才十几天，班主任老师就给妈妈打来了电话，说雷佳有个毛病，一到课间就要上厕所，时间还很长，总耽误下一节课。

妈妈有点儿着急了，因为雷佳以前就有尿频的毛病，总要去厕所。吃了一段时间中药以后，已经好了，莫不是这毛病又犯了？

可这天刚好是雷佳 7 岁的生日，妈妈想：干脆等过了生日再说吧，也不急于这一天。

于是，他们来到了一家生意很好的餐厅。刚巧，今天有三个孩子在这里过生日。老板为了活跃气氛，准备了三份礼物给三个小寿星。不过，老板出了一道题，就是：你的理想是什么？理由又是什么？谁回答得最好，就可以先挑礼物。

雷佳看着那把神气的玩具枪，眼神里全是渴望。第一个孩子说，他想要当警察抓坏人；第二个孩子说，他想当科学家发明有用的东西。大家都给他们鼓了掌。轮到雷佳了，他环视了一下四周，骄傲地大声说："我要永远和宋瑞一起上厕所。至于理由嘛，我不告诉你们！"餐厅里先是一片寂静，紧接着就传来大家哈哈的笑声和惊呼声，孩子们起哄地做着各种鬼脸。雷佳的父母一下子觉得很尴尬。短暂的一愣之后，妈妈立刻拉着雷佳走出了餐厅。她觉得，不管儿子是说了蠢话还是做了蠢事，作为妈妈，都应该首先站出来保护自己的孩子。

雷佳完全被这种出乎意料的状况吓呆了，虽然舍不得那把玩具枪，还是快速地和妈妈来到了外面。

在餐厅外面的小树林里，妈妈拉着雷佳的手慢慢地走着，她知道，孩子一定会把理由告诉她的，她需要耐心地等。就这样走了一会儿，雷佳轻轻地说：“妈妈，你还记得宋瑞吗？就是和我一起上幼儿园的那个？”妈妈点点头说：“记得。听说他从五楼的楼梯上摔下来，还伤了腿，蛮严重的。”雷佳停住脚步，看着妈妈的眼睛说：“他现在是我的同班同学。可是因为那次事故，他的腿走路很费劲，上厕所都只能跪着。”“是吗？那你可要帮他啊！”这回轮到妈妈惊讶了。“可他不接受我的帮助。因为同学们有谁帮助他上厕所，老师就会表扬那个同学。当老师表扬同学的时候，他听到上厕所这几个字，就觉得自己很没面子、很无能。因此，再有谁要帮助他，他都拒绝。后来我答应他，我不告诉任何人，替他保守秘密，他才同意了。”雷佳拉住妈妈的胳膊说。

“哦，原来是这样。”妈妈的眼眶一瞬间湿润了，她一把拉过雷佳，把雷佳紧紧地抱在怀里。她看到了儿子美丽的心，像金子一样在闪光。

妈妈赶紧给雷佳爸爸打了电话，让他先回家，然后妈妈带着雷佳，一家挨着一家商店地找那把令儿子心动的玩具枪。她觉得，儿子应该得到想要的，因为他的理想很高尚，也很有意义。

07.面对坎坷
——跨越

人的一生不可能只有坦途与鲜花，有时也会有坎坷与荆棘。自强不息，没有战胜不了的困难。

你看路边的小草，被人踩来踩去，可它还是活下来了，它拼命地站起来，接受大自然给予的阳光、雨露。所以，它比温室里的花朵更有生命力。

没有经历过饥饿的人，不知道什么叫温饱；没有经历过寒冷的人，不知道什么叫温暖；没有经历过坎坷的人，不知道什么叫幸福。

身体的劳累很大程度上是因心理的疲劳造成的，积极地面对艰苦的环境和遇到的坎坷，便能防忧消愁。

生活中的坎坷就像一块石头，对不同态度的人有不同的作用。对敢于跨越的人，它是垫脚石；对胆怯畏惧的人，它是绊脚石。

每个孩子都可以很勇敢

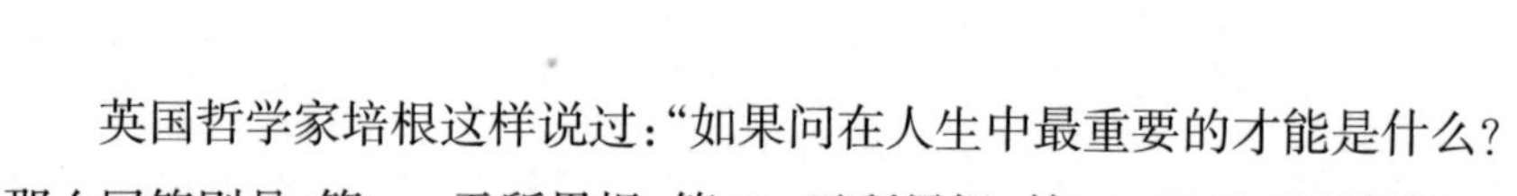

英国哲学家培根这样说过:“如果问在人生中最重要的才能是什么?那么回答则是:第一,无所畏惧;第二,无所畏惧;第三,还是无所畏惧!”

怎样才能让孩子丢掉“怕”字呢?记得有一次演讲让我印象深刻。那天北风呼啸,天气真的冷极了。可小听众们却整整齐齐地站在操场上,个个精神抖擞。

“你们怕不怕冷?”我大声问。

“不怕!”声音划破寒空。

“为什么不怕?”我心中顿时充满了敬意。

“这也叫冷?比我们那儿暖和多了!”哈哈,原来是这样。

教室里,我和小记者们开始了面对面的交流活动。

“你们东北孩子不怕冷,是因为你们从小在寒冷中长大,经历过风雪。这是非常棒的经历。不过,我想问问大家,离开家,来到陌生的北京,你们有没有遇上什么让自己害怕的事呢?”

一个小女生走上台,“我们两个女孩住一间屋。可是每到晚上,我俩就特害怕。总觉得屋里怪怪的,特恐怖,就算把头用被子蒙起来,也还是睡不着。”说着说着,女孩开始有些发抖。

“你们怕什么呢?”我很奇怪。

“怕鬼啊!”

“那你见到鬼了吗?”

“没有。可是我听过很多鬼的故事!听说,那些鬼都是伸着红红的长舌头，张着血盆大口，竖着全身黑漆漆的长毛……而且，我老觉得它就真的在屋子里！可吓人啦！”

“这些鬼故事是谁讲给你听的？”

“他们男生呗！”女同学有些不好意思。

我于是转向男生：

“那你们怕不怕鬼呀？”

“不怕！”

“不怕的请举手！”

全体男同学都举起了手。我随意点了一个男孩：“就请你上来说说，你为什么不怕鬼呀？”

小家伙“咚咚咚”地走上来，扯着嗓门说：“因为世界上根本就没有鬼！”

“很好。今天晚上，你就和这两个女生换换房间，住到她俩那间屋里去，行不行？”

“不行！不行！还是算了吧。我那间屋住得挺好的，原来分配住哪儿就住哪儿吧！”那位男生拼命地摆着双手，惹得全场一片大笑。

“看来你也害怕。”我随后面对同学们说，“世界上有没有鬼？有！可是，鬼在哪儿呢？其实并不在屋子里，而是在大家的心里。这种鬼，就叫‘胆小鬼’！驱走‘胆小鬼’靠什么？靠勇敢！靠自信！我插队的时候，一个知青夜里从外面跑回来，吓得浑身哆嗦：‘不好了！我撞鬼了！它一直紧紧跟在我后面，还有沙沙沙的响声……’大家低头一看，发现他的鞋跟上粘了一片苞米叶子。现在，你们知道鬼在哪儿了吧？其实啊，鬼就藏在他心里！”

讲完故事，我对小听众们说：“一个人要想有大的发展，就必须和‘我不行’说再见，把‘胆小鬼’从自己的心中赶出去，面对机会大胆地喊出‘我能行’。现在机会有了，今晚谁愿意和这两个女孩换房间？对了，顺便告诉大家一个小秘密——这个房间曾是体操明星李小双住过的哩。好啦，想换房的同学举手！”

小记者们齐刷刷地举起了手。还有两个女孩没举，她俩正是这个房间的主人，现在早就不想换房了。

我再讲讲北京同学高尔东有趣的“三大战役”。高尔东是北京小学六年级五班的学生。他讲得特有意思：

遇到发怵的事，我就打“三大战役”，虽然不一定每战必胜，但我越来越有信心了。游泳是我印象里最害怕的一件事。我从小就怕水，除了手、脚、脸外，头和身上最怕沾水，一沾水就会觉得特别紧张和恐惧。妈妈告诉我，在我小的时候，洗澡可是一件难事，不哭个天翻地覆别想洗个澡。带我去游泳也很痛苦，水一没过脚脖子，我的哭声会响彻整个游泳馆。当时，一看见一池子水，我就想“我真不行”，决不下水。后来下了水，把头沉在水里更是一件“比登天还难的事”。我怎么都想象不出来我的头能沉到水里。

“我真不行”就像一个魔鬼，一见它掉头就跑。记得刚上游泳训练班时，教练问我为什么不愿下水，我说水里有水鬼，教练哭笑不得。训练一开始，我就找诸如上厕所、肚子痛等理由，拖延时间。

在教练的严厉要求下，我只好硬着头皮下水，头也扎到水里去，慢慢觉得曾经认为根本不可能的事，其实也并不难。跨过这一“痛苦”后，我最终学会了游泳，水里不但没了水鬼，还成了快乐的天堂。回头一想“我也不是不行”呀？

游泳训练班结束，我和小伙伴一起游泳，向家长汇报时，大家都说我的姿势标准，妈妈激动得不行。我就想“我还能行”！有了这种体验，再遇到心里发怵但又必须做的事，我先“硬着头皮”过一关，然后等待享受闯关后的快乐。

有了这种体验，我已经不再害怕困难了。我正在等着新的困难，看看这招还灵不灵。

我再总结一下三大战役：“我真不行”到“硬着头皮”，“硬着头皮”到“我也不是不行”，“我也不是不行”到“我还能行”。

面对胆小，你必须重新认识自己。在通往成功的道路上，最大的障碍不是别人，而是你自己；没有谁能吓倒你，除非你自己。“胆小鬼”不会躲在黑暗处，而是隐藏在你心中。驱走了“胆小鬼”，你就会成为一个“我能行”的勇士。

给爸爸说媒

在妈妈拉着小慧和爸爸的手永远闭上眼睛的那一刻，小慧和爸爸的天塌了，他们的生活变得一团糟。爸爸变得不修边幅，家里乱得一塌糊涂。爸爸偶尔给小慧做个饭，不是忘了放盐，就是错把盐当成白糖放了很多。而小慧呢，先是因为妈妈的去世，一时走不出悲伤的旋涡，成了一个整日以泪洗面的小可怜儿；接着，又因为缺少妈妈的疼爱和管教，成了一个叛逆的问题女孩，她穿耳洞，打架，到处疯玩，就像一个野丫头，性格越来越孤僻，原来的好朋友也渐渐远离了她。爸爸看她变成这样，更是心烦。两人整天冷眼相对。爸爸动辄还会挥起拳头砸下来。

就这样浑浑噩噩地过了一段时间，看着爸爸颓废不能自拔的样子，小慧觉得要是再这样下去的话，她和爸爸都会毁了，她应该做点什么。

那是一个晴空万里的周末，她和朋友们在北海划完船出来，碰巧遇到了妈妈原来的同事芸阿姨。芸阿姨一看到小慧，眼圈立刻红了，亲热地拉住小慧的手问这问那。小慧一下子觉得心里暖暖的，自从妈妈去世以后，已经好久没有人这么关心自己了。

和芸阿姨分别以后，小慧突然有了一个大胆的想法：

是不是可以撮合芸阿姨和爸爸在一起呢？为爸爸找个朋友和妻子，也为自己找个妈妈。

小慧为自己的想法感到很兴奋，觉得自己的想法不但可行，而且可能成功率很高。原因嘛，有以下几条：（1）芸阿姨漂亮温柔，性格好，是爸爸喜欢的那种类型；（2）芸阿姨因为不能生孩子和丈夫离婚了，正单着；（3）爸爸高大威猛，是个好男人类型；（4）他们年龄相仿，早就认识；（5）芸阿姨喜欢自己……

小慧一条条往下想着，越想越觉得这件事情很靠谱。心动不如行动，小慧为了撮合爸爸和芸阿姨，开始了一系列的行动：首先邀请芸阿姨到家里做客，然后给他们买电影票，制造他们单独相处的机会，不断地让芸阿姨来家里帮忙……

也许是功夫不负有心人，也许是真的喜欢芸阿姨，爸爸开始变了，不再暴躁，不再邋邋遢遢，开始注重衣着，也开始锻炼身体。

那天，是期中考试成绩公布的日子，吃晚饭时，爸爸绷着脸问小慧："成绩怎么样？""还行。"小慧小声说。"什么叫还行？"爸爸的声调陡然升高了八度。小慧心里想，坏了，暴风雨又要来了。谁知，爸爸没有像往常一样来场疾风骤雨，而是把声调又降了下来："你自己的学习，自己得上心。"还走过来，摸了摸小慧的头。

小慧简直惊呆了，这是自己那个狂躁老爸吗？她有点不敢相信。

芸阿姨来了，小慧赶紧把爸爸的这个重大变化告诉芸阿姨。芸阿姨听了，笑眯眯地说："你是大姑娘了，你爸爸这样做很对。"接下来的日子里，小慧从叛逆女孩又变成一个大胆的女孩，她学着自己的事情自己做，爸爸和阿姨的事帮着做，家里的事抢着做。慢慢地，她变得活泼开朗了，家里的气氛也越来越好了。

在小慧的不断撮合下，爸爸和芸阿姨结婚了。照全家福的时候，小慧拉着爸爸和芸妈妈的手，觉得自己很幸福，因为她为爸爸找到了妻子，使爸爸不再孤独，也为自己找到了一个好妈妈。生活中的坎，她终于跨过去了！

08.面对歧视
——争气

面对歧视,你不必怨天尤人,也不必自暴自弃,而是应该先问问自己:我是不是瞧得起自己?我是不是有志气做“最好的自己”?我是不是付出了“八倍的辛劳”?

面对歧视,你一定要有志气!生气不如争气,做出成绩来,让那些歧视你的人看看你有多棒!

没有谁能击败你,除非你自己!别人怎么看是别人的事情,自己要看得起自己。要想别人不歧视你,你要时刻想着不歧视别人。

只有这样,才能活得轻松,活得自在。

女孩面对性别歧视要自强

“谁说女子不如男！”豫剧《花木兰》中的一句唱腔，唱出了多少女孩的心声。但是，在我国农村，至今还残存着重男轻女的落后现象。

为了能给女孩们长志气、正正名，我们中国少年儿童新闻出版总社和联合国儿童基金会，共同举办了一个名为“我是女孩，我能行！”的活动，吸引了许多女孩子踊跃报名。

有一天，活动办公室的同志交给我一大摞西部农村女孩的来信，字里行间充满豪情和志气。一位陕西女孩这样说：“……女孩，是那么的善良和纯洁。可大人们为什么总说男孩好！我的爸爸妈妈就是这样，每当他们没事可做的时候，总会看着我，叹口气说：‘唉，你要是个男孩，该有多好啊！’我就不明白，女孩怎么了？我们不比男孩干得少！我们也不比男孩吃得多！我们女孩到底惹着谁啦？”

岐山县城关小学王艺璇小姑娘在信中说：“有人说，女孩胆小，不像男孩那样顽强。其实他们错了！雅典奥运会上的女英雄们就充分证明了这一点。我国的李婷、孙甜甜是这次奥运会女子网球双打比赛的金牌获得者，她们顽强拼搏的精神永远印在了我的心中。网球是我国体育项目中的弱项，但这一次，她们创造了奇迹，拿到了金牌。那一刻，我高兴地喊道：‘女孩不是弱者！女孩也能超过男孩！’……也有人说，女孩懦弱，不像男孩那样坚强。可是，他们又错了！美国的海伦·凯勒就是一个很好的例子。她小时候，染上了一种病，致使她眼瞎耳聋。但她从来不向困难低头，奋发图强，坚韧不拔，终于凭借自己刻苦的努力，

以惊人的毅力奇迹般地考入了哈佛大学，而且最终成为一位著名的作家和教育家。她曾经这样说：‘既然没有一条到达顶峰的平坦大道，我就得走自己的迂回曲折的小路。’就冲这点，我再一次自豪地喊道：‘女孩不是弱者！我们比男孩更坚强！’”

小姑娘讲得真棒！本来嘛，“女孩并不比男孩差！女孩同样是祖国的栋梁！”这话可不是我说的，而是颉朝敏说的。她也是个女孩，和王艺璇在同一所学校里读书。她在信中说：“我是一个女孩，我也同样拥有自己的梦想。我希望自己将来像居里夫人一样，成为世人瞩目的科学家；我希望自己将来像倪萍一样，成为优秀的节目主持人……我一直在为自己的梦想奋斗、拼搏，我也一直在尽可能地锻炼自己。在刚刚结束的全校爱国主义演讲比赛中，我的得分始终遥遥领先，而那些个男子汉大丈夫，却只能屈居在我这个小丫头片子之下了。运动会上，我的奔跑速度也让男孩们不得不服；我的学习成绩更是让大家对女孩刮目相看。虽然我还有一些缺点，但是我仍会用自己的实际行动向人们证明，女孩绝对不比男孩差！哼，别把女孩看扁了。人贵有志，咱们骑驴看唱本——走着瞧！俗话说得好：‘树无根不长，人无志不立。’”

说实话，我真佩服这些女孩，她们凭着自己神奇的力量，一点一点改变着周围人对女孩的态度。

告诉你吧，我还特佩服一个人：在短短的二十多年时间里，她付出了“八倍的辛劳”，从一个备受歧视的黑人女孩，成长为一位著名的外交官，奇迹般地完成了从丑小鸭到白天鹅的改变。这个女孩的名字相信你一定听说过，她就是2005年来我国访问的美国女国务卿赖斯。要知道，她的奋斗历程真的是充满了传奇色彩。

赖斯小时候，美国的种族歧视很严重。特别是在她生活的城市伯明翰，黑人的地位非常低下，处处受到白人的歧视和欺压。她10岁那年，全家人来到首都华盛顿观光游览。就因为黑色皮肤，他们全家被挡在了白宫门外，不能像其他人那样走进去参观！小赖斯备感羞辱，咬紧牙注视着白宫，然后转身一字一顿地告诉爸爸：“总有一天，我会成为那房子的主人！”

赖斯父母十分赞赏女儿的远大志向，经常告诫她："要想改善咱们黑人的状况，最好的办法就是取得非凡的成就。如果你拿出双倍的劲头往前冲，或许能获得白人的一半地位；如果你愿意付出四倍的辛劳，就可以跟白人并驾齐驱；如果你能够付出八倍的辛劳，就一定能赶到白人的前头！"

从此，为了实现"赶在白人的前头"这一目标，赖斯数十年如一日，付出超过他人"八倍的辛劳"，发奋学习，积累知识，培养才干。她不仅熟练地掌握了母语，还精通俄语、法语和西班牙语；考进了美国名校丹佛大学并获得博士学位；26岁时就已经成为斯坦福大学最年轻的女教授，随后还出任了这所大学最年轻的教务长。另外，赖斯还用心学习了网球、花样滑冰、芭蕾舞、礼仪训练等，并获得过美国青少年钢琴大赛第一名。凡是白人能做的，她都要尽力去做；白人做不到的，她也要努力做到。她终于成功了，昂首挺胸，堂堂正正走进了白宫，成为美国历史上第一位黑人女国务卿。当有人问起她成功秘诀的时候，她说："因为我付出了'八倍的辛劳'！"

有志气才会有出息，有耕耘才会有收获。面对歧视，你不必怨天尤人，也不必自暴自弃，而是应该先问问自己：我是不是瞧得起自己？我是不是有志气做"最好的自己"？我是不是付出了"八倍的辛劳"？

假如你是女孩，面对歧视，你一定要有志气！生气不如争气，做出成绩来给那些重男轻女的父母们看看，看看他们的女儿有多棒！

假如你是女孩，面对歧视，你更要看重自己。别人瞧不起你，你却要瞧得起自己。

假如你是这样一个女孩，人们一定会竖起大拇指，同时在心里为你暗暗喝彩："中国女孩，真的了不起！"

天生我材必有用

NBA（美国职业篮球联赛），相信喜欢篮球的人随口都能说出几个球星，像“魔术师”约翰逊、“大鸟”拉里·伯德、“飞人”乔丹、“小飞侠”科比、“小皇帝”詹姆斯。可是，除了这些个子很高的球星之外，还有一位球星更能引起大家的兴趣，那就是身高只有160厘米的夏洛特黄蜂队的1号队员——“小虫”博格斯。博格斯能进入NBA打球，并成为球星，一定能给许多梦想当篮球明星的小个子以希望。因为，即使你的个子矮，也不能判定你在高个子独霸的篮球场里没有用武之地。让我们来看看博格斯的成长经历吧！

博格斯从小就很喜欢篮球，虽然他的个子矮小，但他并不在乎，照样和同伴们在篮球场上拼斗。当时，他的梦想就是去NBA打球，因为如果能成为NBA的球员，不仅能有极高的待遇，还能享有风光的社会地位。进入NBA，是所有爱打篮球的美国少年最向往的梦。

有一天，大家酣畅淋漓地训练完后，博格斯望着湛蓝的天空，自言自语地说：“打篮球的感觉真好！我长大了，要去NBA打球。”“你说什么？要去NBA打球！你是在做梦吧？”“就是，一个矮子怎么可能去NBA打球呢？这简直是天大的笑话。”同伴们都哈哈大笑起来，因为他们觉得，博格斯是痴人说梦。

大家的嘲笑和歧视不仅没有消磨掉博格斯的意志，反而激起了他的斗志。他用比一般人多几倍的时间在球场上练球，洒下的汗水都能装满几个桶。终于，博格斯成为全能型的运动员，并在1987年NBA选秀中以首轮第12名被华盛顿奇才队选中；第二年，又被送到新成立的黄蜂队。在黄蜂队，博格斯发挥自己矮小的优势，行动灵活迅速，像一颗子弹一样来回穿梭，因为运球的重心低，博格斯很少失误，而且不引人注意，抢断常常得手。20 世纪 90 年代初，博格斯跟拉里・约翰逊、阿朗佐・莫宁组成黄蜂队的铁三角，取得了许多场次的胜利。博格斯的表现越来越出色，成为最杰出、失误最少的后卫之一。他远投精准，即使在个子很高的篮球队员中，带球上篮也毫不畏惧。

终于，在高人林立的 NBA 里，博格斯出名了。当一位记者采访博格斯时，他笑着说："从前听说我要进 NBA 而笑倒在地上的同伴，他们现在常炫耀地对人说：'我小时候是和黄蜂队的博格斯一起打球的。'"是啊，博格斯出名了，可是有谁知道他付出了多少汗水和努力。因为坚信自己能行，他成功了。博格斯不怕别人笑话，向着自己的梦想，一步一个脚印地前进，所以奇迹降临到了他的身上。其实，我们每个人都是奇迹的创造者，关键在于我们是否相信天生我材必有用。如果自己都不相信自己的价值，别人又怎么会相信呢？

09.面对误解
——大度

嘴巴是别人的，脚下的路却是自己的。所以，面对非议和误解，请保持冷静。

习惯被别人嘴巴“虐待”的同学，请你好好想一想：凭什么我要当别人嘴巴的奴隶？凭什么我要这么在乎别人的想法呢？

面对不经意的嘲讽，面对打击自信心的讥笑，你要装聋作哑、一笑了之，不去听，更别往心里去。

对诋毁人格的谣言，你要巧妙地用事实说话，不必害怕，更不能逃避！

别人怎么看你，是人家的事，而你要从容大度、自信、自控，“不管风吹浪打，胜似闲庭信步”。走出心情的困境，一定会发现“柳暗花明又一村”。

遇到误解，送你一段“过不去”的哲学：

别和小人过不去，因为他和谁都过不去；

别和自己过不去，因为一切都会过去；

别和亲人过不去，因为他们不会让你过不去；

别和往事过不去，因为它已经过去；

别和现实过不去，因为你还要过下去。

宽容大度才能与人和谐相处

在英国圣公会主教的墓碑上，写着这样一段话：

当我年轻自由的时候，我的想象力没有任何局限，我梦想改变这个世界。

当我渐渐成熟明智的时候，我发现这个世界是不可能改变的，于是我将眼光放得短浅了一些，那就只改变我的国家吧！但是我的国家似乎也是我无法改变的。

当我到了迟暮之年，抱着最后一丝努力的希望，我决定只改变我的家庭、我亲近的人——但是，唉！他们根本不接受改变。

现在在我临终之际，我才突然意识到：如果起初我只改变自己，接着我就可以依次改变我的家人。然后，在他们的激发和鼓励下，我也许就能改变我的国家。再接下来，谁又知道呢，也许我连整个世界都可以改变。

你也梦想过改变世界吗？那么从现在开始，你试着改变你自己，奇迹就会发生。

很多同学进入青春期后，和爸爸妈妈发生了严重的冲突，向我求援。在家庭生活中，孩子和父母发生冲突，就像舌头和牙碰撞一样正常。你们和父母同进一家门，同吃一锅饭，难免会磕磕碰碰。

冲突和矛盾发生了怎么办？谁包容谁？谁让着谁？谁改变谁？小时候，父母常常包容你，让着你。现在你长大了，父母变老了，你该包容他们了。

我的智囊团有个小成员——17岁的女中学生瞿斐。她酷爱思考，酷爱学习，是广州市优秀的学生干部。在化解父母和子女的矛盾上是个高手，曾帮我出过许多好主意。她的秘诀就是：发生冲突的时候，你只要“忍着不说”，从改变自己开始，就会阴转晴。这是她多年来和父亲切磋“武艺”的精华。

我让瞿斐帮我支支招，怎样和父母化解矛盾。她很热心地寄来她的心得——她写给表弟的一封信。

表弟：

今天看到你和你妈在餐桌上为了一件小事指责对方，我真是觉得很心痛。都是互相关心互相爱护的家人，却好像把对方视为避之不及的瘟神。在这个过程中，我知道你已经从你的角度做得很好了，但是，我觉得你还可以做得更好，你能不能听听表姐的想法呢？

前年，我和我爸一起去香港，中间因为要参加一个活动，需要穿比较正式的衣服，就和我爸一起去买衣服。

我们花了很大的力气才在一间世界名装店挑中一套，到付钱的时候，我爸开始和店员讨价还价。我当时一下子觉得很没面子——我爸在这样的一间店里像在菜市场似的和店员为价钱争起来，很“不懂事”。同时，我把这种不爽反应在脸上，帮着店员说我爸：“这个价钱全球都一样，是公司规定的。”我爸火了，把我带离那家店，站在店门口的台阶上说我，那一整天我和我爸闹得很僵。

事后，我进行了反思。其实事情完全可以不变得那么僵，我也完全可以不受我爸的训，原因主要在于我让我爸没了面子。人都要面子，特别在外人面前被自家人伤了面子，一般人都受不了。在伤了面子以后，大部分人会很自然地为自己辩护，会找很多理由来证明伤了他面子的那个人是错误的。这就是一个恶性循环：我不服气，我爸也不服气，伤了我的感情，更伤了我爸的感情。

……

今天在餐桌上，你在大家面前指责你妈，我又自然而然地想起了前年的那个场景。我知道当你看你妈不顺眼的时候你就会说你妈。但是你妈并没有同意你的意见，反过来，她开始说你的毛病：乱花钱、不爱干净、成绩不好……你们就这样吵起来了，越说越多，最后大家不欢而散。

在香港买衣服的事情后，我明白每当我因为父母说的做的而感到不爽时，我想要的并不是逞一时口舌之快，而是真的想让父母听取我的想法，和我父母建立良好的关系，并且在这个基础上大家一起改进。

所以，当我第二次、第三次甚至更多次遇到同样的情况时，我会尽我最大的努力在当时忍着不说，因为当时说很有可能就是一种发作、一种责备。而是选择在事后心平气和，在肯定我父母所做的一切的同时，和父母商量用另一种方法做同样一件事会不会更好。

表弟，相信我，在关键时候忍住不责备父母，结果一定比你忍不住强太多了。像我爸，他就会采纳我的很多意见，而这是永远不可能由责备他而得到的。

如果当我实在想发作却忍不住的时候，那就发挥阿Q精神，在心里把我父母当成连话都还不会说的孩子，即使这个孩子把所有东西都弄糟了，但是谁会去责怪、抱怨他呢？“唉，随便他啦！”一句话，什么都过去了。

当父母心情不好，用责备的语气来说我，让我非常想和他们吵架的时候，我就会在心里不断地暗示：和他们吵架是完全没有建设性的，吵完了除了大家都伤心什么都没有。就让我来做做父母的出气筒吧。

表弟，你除了知道你妈怎么照顾你，能不能试试了解一下你妈对人生的看法？或许当你从这种谈话中汲取到妈妈的可贵之处，逐渐消除你对妈妈的瞧不起与讨厌时，你对她的态度会很自然地开始变化，你也能体会到妈妈给你的肯定、尊敬与鼓励？我总是认为人与人之间是互动的，当你对妈妈表示真诚的尊敬时，就是你在教会妈妈如何真诚地尊重你的时候。

表弟，不知道这封信是否让你觉得有些可取之处。无论怎样，我真心希望你和你妈能够更好地相处！

你的表姐瞿斐

瞿斐的信中充满了一个孩子对长辈的宽容大度与智慧。

在家庭生活中，宽容实在很重要。萧伯纳说过："虽然整个社会都建立在互不相让的基础上，可良好的关系却是建筑在宽容互谅的基础上。"一颗承受伤害的心灵是脆弱而难以生存的，一颗不能谅解伤害并宽容异己的心灵，是狂暴而可怕的，因为仇恨是一把双刃剑，不仅伤害别人也折磨自己。宽容不仅是一个人、一个社会必要的道德，也是一种生存智慧。只有学会宽容，才能有足够的耐心去迎接各种矛盾。

"一个人的心胸有多宽广，他就能赢得多少人。"宽容是能站在对方的立场，将心比心，关注对方的感受。付出宽容，你将收获无穷。

一个同学因为个人愿望没有得到满足，对老师说了一通尖酸刻薄的话，这位老师没有给她任何解释，只是写了一首小诗："土地宽容了种子，拥有了收获 / 大海宽容了江河，拥有了浩瀚 / 天空宽容了云霞，拥有了神采 / 人生宽容了遗憾，拥有了未来。"

学生收到后，沉思良久，笑了。她觉得生活真美好，自己很幼稚。

苹果风波

大金老师本名金鑫，自号“大金”，他是这个学期才到这座小镇中学里当体育老师的。虽然他来的时间不长，但他精湛的球技征服了很多对足球怀有梦想的孩子。每到周六下午，学校的球场上就会聚起很多孩子，在大金老师的带领下训练，打比赛。

李然很喜欢足球，更喜欢大金老师，所以总是愿意留下来陪大金老师收拾球场里的球衣和足球。

这天训练完，李然在回家的路上，猛然看到走在前面的大金老师突然拐进了一家水果店，挑了一个又大又红的苹果装进兜里，没有付钱就走了。李然很惊讶，大金老师竟然偷苹果？这可是个重大发现，他马上告诉了他的球友们。

又到了周六，在大家训练完后，好奇的李然和球友们跟在大金老师的身后。到了那个水果店门口，大金老师又像上次那样，偷偷拿了一个红苹果放进兜里，转身走了。李然和球友们感到特别愤怒：一个老师，怎么能偷别人的东西呢？这太不像话了！于是，大家纷纷把这个消息告诉了父母和认识的人。

周六又到了，球场上没有一个人。大金老师看着空荡荡的球场，心里很纳闷，怎么今天一个孩子也不来？出了什么事情呢？正在他左思右想时，李然来了，他冷冷地看着大金老师。

“哦，你来了。其他人怎么没来？”看到李然，大金老师马上着急地问。

“你是个小偷，他们可不想跟你这个小偷学习踢球。”李然直截了当地说。

大金老师满脸茫然地问："你凭什么说我是个小偷？有什么证据吗？"李然鼻子里哼了一声，不屑地说："我两次看到你偷拿了水果店的苹果，这难道不是偷吗？还想抵赖！"大金老师一下子明白了，他没有解释，而是带着李然来到了水果店。看到大金老师，水果店店主笑着打招呼："大金，你这个时候怎么没有带着孩子们练球？现在就拿苹果吗？""现在就拿吧,今天孩子们没有来。"大金老师笑着回答。"好啊，反正你每周一就把一周的苹果钱都付了，你什么时候拿都行。"店主又去招呼其他客人了。听到这里，李然全明白了，原来是自己误会了大金老师。

可是，说大金老师是小偷的话已经传出去了，而且现在闹得满城风雨，大家都说大金老师是小偷，都防着他，对他也没有好脸色，大金老师以后该怎么在这小镇上生活啊?

想到这些严重的后果，李然低着头，不敢看大金老师了。大金老师一只手拿着挑好的苹果，另一只手抚摸着李然的头说："孩子，没关系。这件事很快就会过去的！""可是，对不起，我不应该在不了解事情的真相前就乱说话，我还以为我看到的就是真相呢。"李然红着脸向大金老师解释。

大金老师笑了笑说："其实呀，眼睛看到的未必就是真相。真相有时需要仔细去调查和了解，可不能轻易就下结论呀。""是，我知道了。"李然重重地点了点头。看着大金老师远去的身影，李然的心里已经有了一个补救的办法，他要告诉小镇上的每一个人，是自己误会了大金老师，给大金老师带来了伤害，他要对自己犯的错负责。

10.面对差距
——奋进

每个人都在某一方面或与众不同或优于他人。大自然赐给我们每个人巨大的潜能，等待我们去发现、去开发。

你是独特的，你是唯一的，你是珍贵的存在，你是自己生命的主宰，努力成为最好的自己，而不是别人的第二。如果你能以积极乐观的态度去面对这个世界，脸上始终挂着微笑，高兴地对待身边的每一个人，勤奋地工作，那么，你的人生才会是丰富多彩的，你才真正做到了善待自己。

一个人只有客观地看待自己，正视自己的优点和缺点，才能在光怪陆离的世界中不迷失自己，进而才能尊重自己，相信自己的价值，并坦然面对一切困难和挫折。

“我能行”三个字，能帮助你找回人最宝贵的精神——自信。在危难中，你不但学会了发现自己，更懂得肯定自己和鼓励自己。

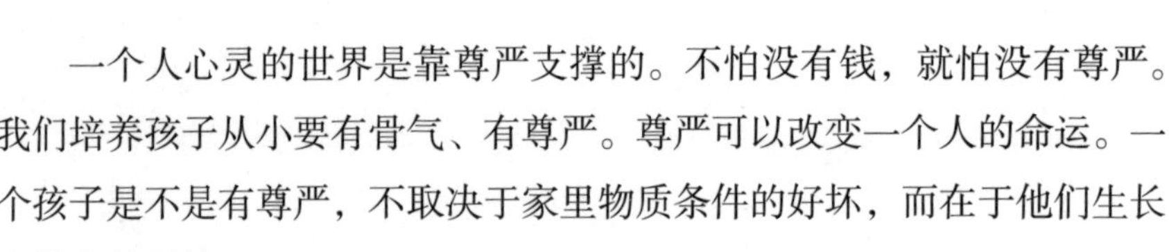

让孩子“抬起头来”

一个人心灵的世界是靠尊严支撑的。不怕没有钱，就怕没有尊严。我们培养孩子从小要有骨气、有尊严。尊严可以改变一个人的命运。一个孩子是不是有尊严，不取决于家里物质条件的好坏，而在于他们生长和教育的环境。

美国斯坦福大学的学生顾盼，就是一个自信自尊的中国女孩。顾盼出生在一个特殊家庭。她的父母身材矮小，父亲身高只有130厘米。顾盼从小就生活在别人的非议和嘲笑中，但是她从不自卑，因为她有一个很有尊严的父亲。

我第一次见到顾盼，是在中国教育电视台《知心家庭》演播室。当顾盼领着父母走进演播室时，在场的人都惊呆了。站在矮小的父母中间的，是一位个子高高的、眉清目秀、眼大而有神的美丽女孩！她脸上带着微笑，热情开朗，青春洋溢。身材矮小的父母和清秀高挑的女儿的极大反差，让在场的人充满好奇。

顾盼说：“我跟父亲出去的时候，街上经常会有一些人对我们指指点点，我觉得非常不好受，并不是埋怨父亲长得矮，而是觉得为什么这些人会以这样的眼光看人？！可是，我父亲面对这些目光，非常坦然。所以我觉得，我的开朗跟父亲的坦然有很大关系。父亲为了我的健康成长付出了很多，从小我就把父母的辛苦看在眼里，也记在心上。我不会因为父亲不能让我像其他孩子一样享受而自卑，因为父母给我的一切已使我感到满足。”

女儿说着，顾先生不时地点头，面带笑容地说："我很开心！很多邻居、朋友、同事羡慕我女儿成绩好，长得漂亮。但是，最令我欣慰的是我女儿的为人。她没有现在独生子女那些普遍的弊病，比如任性、自私、骄傲、自以为是、不能和人家融洽相处……我是一个残疾人，有时也招来一些奇异的眼光。但是我想，我对工作是兢兢业业的，这是我的底气，那些别样眼光就随它去吧。我希望能好好地教育女儿，使她成为一个各方面都比较优秀的人。我是一个有心人，很注意向别人学习，不断改进，所以我能够顺利地走到今天。"

我问顾先生教育孩子的核心问题是什么，顾先生说："我教育孩子第一理念就是：育人先育德。我认为良好的行为习惯的培养是品德培育的基础。我从培养她良好的行为习惯入手，培养孩子的爱心。她才几岁时，中国大熊猫濒危，我就带她去捐款。那时，我们杭州有一个'援助孤儿'行动，我也带她去捐款。我认为大人有爱心，孩子就有爱心。"

这位残疾父亲给予孩子的是精神上的财富，他身材不高，却有着崇高的人格。女儿从父亲那里接受了人格的教育。

这使我想起一个真实的故事——《泪湿土琵琶》。在一个非常贫困的地区，一位农民一心要让儿子上大学。为了儿子的学费，他弹着土琵琶在街头卖唱。有一次，他到学校去看儿子，儿子见到父亲，却跟同学介绍说"这是我老乡"。

对这种现象，顾盼有自己的看法，她说："我想想这可能跟父母的教育有关。父母从小给他灌输的思想就是，你能上大学，你就变成凤凰，就高人一等。我觉得我能够有一个平常的心态，首先是因为我的父亲有一颗平常的心。"

"父母的生活态度和看法直接影响孩子。"顾先生回忆了母亲对自己的教育，"小的时候，我面对别人的讽刺和异样的眼光，心里很不舒服。有一次为这个还跟人家打过架。但是我的父母开导我要自强，向古代的晏子学习。后来长大了，我心态就变得比较平和。不是整天愁眉苦脸，而是快乐开朗。"

顾先生讲了一个深刻的人生道理：孩子的心灵成长需要自尊自强。

这自尊自强能够享用一生！“没有人能打倒你，除非你自己。”有尊严的人永远有动力。父母给予孩子的这份人生礼物，比给孩子金钱要珍贵得多。

正是父母给予了女儿这份人生的财富，顾盼拥有了健康美好的心灵和乐观的心态。

顾盼说：“我觉得，一个人能够成功，跟心理因素、思维习惯、智力因素都有关系。我感谢父母给我的一切。”

人人都需要尊严。尊严是人生的丰碑，尊严的丰碑树立起来，人生就会创造辉煌；尊严的丰碑一旦倒塌，心灵就会被践踏。贫困、残疾家庭出生的孩子需要尊严，那些学习差的孩子也需要尊严，有时这些父母、老师眼中的“差生”，缺的不是分数，而是人格尊严。

一群全校闻名的捣蛋鬼，毕业前被集中打入“差班”。“差班”第一天上课，新班主任的开场白是这样的：“同学们，把头抬起来！人生好比一场马拉松，暂时的落后并不代表最后的失败。从今天开始，我和你们一同起跑……”

犹如春风拂过荒原，犹如暖流涌向冰川，这些“差生”的心灵被强烈震撼，就在这堂课上，一颗颗“顽石”下定了痛改前非的决心。从此，“把头抬起来”成了这个班同学的常用语。现在，他们都已长大成人，每逢过年，他们之间还通过手机短信把这句话互相传递。他们说：“这普普通通的五个字，充满了强烈的情感和人生的哲理，是它，改变了我们的人生道路。”

“把头抬起来！”这五个字唤起了孩子做人的尊严。

跛脚的小羊

春天来了，老师组织同学们去春游。周六的早晨，兴致勃勃的老师和同学们一起迎着朝阳出发了。

在树林里走了一段路以后，同学们来到一座小山前，大家开始有说有笑地爬山。看到同学们那么精力充沛，志鹏很羡慕，走了这么远的路，志鹏已经很累了。志鹏平时就很瘦弱，个子也比同学们要矮一些，他跟在大家的后面慢慢地走着。因为是一个人走，志鹏觉得很无聊，甚至不想跟上同学们了。

就在这时，一群羊过来了，在羊群的后面，走着一只弱小的羊，走路时一跛一跛的。志鹏很好奇，仔细一看，原来这只小羊的一只前蹄被锯掉了。看到放羊的老爷爷走过来，志鹏就问老爷爷："老爷爷，这只小羊怎么这样了？"老爷爷乐呵呵地说："是这么回事，有一次，我上山放羊，这只羊因为一只蹄子卡在石缝里动不了了。我当时不知道，回家一数，少了一只羊，就上山去找。它还卡在那儿，只是那只蹄子已经坏死了。为了救它的命，我只好把它的伤蹄子锯掉了。所以，它就少了一只蹄子。村里人都对我说，羊没了蹄子，是没法走山路的，更找不到草吃，肯定活不长，劝我把它杀了。"

"噢，您是怎么想的呢？"志鹏听到这里，觉得很有趣，追问道。

老爷爷说："我嘛，让小羊自己决定命运。我把它带到一条小沟边，在沟的另一边放上一些嫩草。小羊很想跳过去吃，但是它很害怕，因为它的那只前蹄使不上劲儿，它不敢跳。我看着，真是着急啊，就冲着它喊了一声：'你倒是试试啊！'不知是因为饿，还是被我吓着了，小羊猛然一跳，就过去了。你看，它现在不是活得好好的嘛，而且还一天天长大了。”志鹏的眼睛一直追随着小羊的行踪，小羊走路虽然有些蹒跚，步伐也不稳，但是它很敏捷，一会儿上这儿看看，一会儿去那儿瞧瞧，看见鲜嫩的青草，就吃上几口，它不时咩咩地叫着，看起来很快乐。小羊战胜了自己的弱点，坚强地活了下来。志鹏坐在一块大石头上，看着小羊一跛一跛地走远了，不由得想到了自己。虽然自己很瘦弱，个子也矮，但是四肢健全，比起小羊来，自己要幸运很多。以前，自己因为没有勇气，很多事情都不敢做。即使做了，往往也是半途而废。其实，自己并不比别人差，只要敢去做，一样会做得很好。

想到这里，志鹏感觉自己的身上充满了力量。看到渐渐走得很远的同学们，他腾地站了起来，以最快的速度向同学们奔去。当他飞奔时，自己感觉既快乐，又兴奋。

最后，志鹏和老师及其他同学一起登上了最高峰。从山峰往下看，一切都在自己的脚下，一种征服的自豪感油然而生，这种感觉真是太美妙了！志鹏非常喜欢。

11.面对嫉妒
——赞美

羡慕，往往会引发自尊心的不当感受，孩子一旦受此冲击过大，就变成了嫉妒。嫉妒是孩子成长道路上的一剂毒药，它会令人格扭曲。

自尊心，正用，会利于学习；自尊心一旦过了一点点头，就变成了嫉妒。这是自尊心在“负用”，不利于成长。

一个人只有告别了羡慕、嫉妒、恨，才能真正获得自由，获得快乐，懂得人活在世上的意义；一个人只有告别了羡慕、嫉妒、恨，才能成长为一个人格真正健全的人，一个珍惜情谊的人，一个珍爱生命的人。

良好的人际关系，不仅能给孩子带来快乐，而且能帮助他走向成功。狭隘的嫉妒心理是人与人相处、人与人竞争中十分可怕的一种阴暗心理，对孩子来说，危害最大。

用欣赏的眼光来看待他人的成绩，请对他说声“你真棒”，改变角度就改变了关系。

赞美永远是不过时的交往艺术。只要你学会从别人身上寻找优点开始加以赞美，你将得到意外的收获。

与嫉妒绝交的人才可能优秀

多年前，一位82岁的法国老记者来中国少年报社采访，我问他："法国的孩子们都在想什么？"他说："他们想的是如何占领空间。"我听了心里一震。我们的孩子又在想些什么呢？

我们都知道，我们的孩子想得最多的是如何考取重点学校。这也是一种竞争，是一种较为低层次的竞争：人与人的竞争。

古语云："满招损，谦受益。"总结了人与人相处、人与人竞争的经验和教训，其中也多少包含着成功之后遭人嫉妒的苦涩。嫉妒心理是人与人相处、人与人竞争中十分可怕的一种阴暗心理。尤其对于孩子来说，其危害性最大。

北京一所重点中学的一个男孩曾对妈妈说："我们学校虽然是重点中学，但同学们都很自私。我病了那么长一段时间，没有一个人来看我，我落下了功课，谁都不告诉我。"有的学校里，学习好的同学临考前书包被人偷走，住宿的同学在被子里发现一根很大的针……这都是学生们嫉妒心理的表现。

我跟一些孩子谈过竞争与嫉妒的问题。我问他们："什么是竞争？什么是嫉妒？"他们都说不太清楚。我告诉他们："比如说两个人跑步，一个在前边，一个在后边。后边的人想，前边这个人现在最好让石头绊一跤，然后我好超过他，这就是嫉妒，嫉妒是把自己的成功建立在别人失败的基础上。可是反过来，如果后边的人想，我要使劲儿跑，超过他，我一定要超过他，这就是竞争，竞争是把成绩建立在自己努力的基础上。

孩子的嫉妒心理，很大程度上是大人们潜移默化的影响和熟视无睹的默认造成的，并随之根深而蒂固。

有的孩子喜欢告状、打小报告，如果老师听信他们的话，那就是在助长他们嫉妒的恶习。

有一年，我们在武汉举办了一次全国性的少儿艺术比赛。一名 9 岁的辽宁男孩扬琴弹得很好，在预赛中排第一名。但决赛时，他得了第二名，吃晚饭时，他说："比赛用的琴有毛病，比赛结果也不公平，你们能不能跟评委说一说？"我们没有答应他。当天晚上领奖时，他妈妈竟然不让他去领奖，说："二等奖有什么好领的？我们孩子参加比赛从来就没得过第二名。这次来之前已经和校长打了保票，就是要得第一的。"

我在一次联欢会上，给孩子们讲过这样一件事：两个中国孩子去国外参加歌唱比赛，一个唱得好些，另一个唱得差些。到了比赛点以后，唱得稍差的孩子得了感冒，另一个孩子冒雨请来医生，自己却被淋病了。到了比赛那天，唱得差一点的孩子病全好了，得了金牌；唱得好一点的孩子因为嗓子还没恢复好，结果只得了银牌。

我问孩子们："你们说，应该怎么办？"

一个男孩子站起来，不假思索地说："应该把金牌还给人家，本来就是人家的嘛！"

也有的孩子说："你说的不对。得金牌的孩子应该感谢另一位，说是你帮助了我，而得银牌的孩子应该说'不要这样说，都是为了祖国争光嘛！'"看得出，先回答问题的那个孩子，存在着不正当竞争的心理。

后来，我发现许多有了些成绩的孩子，都不太懂得正确对待自己的成绩和别人的成绩；还有的孩子存在着"你好，我就要打击你"的狭隘心理……这些不良的心理状态，都是不能适应未来的发展的。

嫉妒的心理，在成年人中尤其是成年妇女中，表现更为突出。她们的做法常常是无事生非。男人的嫉妒平时看不出来，其实更为可怕，表现为怀恨在心。两名同在一个研究室工作的研究生，都相当能干、有才华，互相间也暗暗地在竞争着。后来，其中一名被派出国，令另一名十分嫉妒。他虽然笑着把别人送到了机场，但随后在出国同事十分孤独寂

寞的时候，接连写去了三封饱含刺激意味的信。第一封信写道：自己已经是研究室主任了，颇得领导们的器重；第二封信说：单位刚刚分给自己一套条件很好的房子；第三封信的内容是：我有女朋友了，非常可爱，她就是你原先的女朋友……

最后，那名出国的研究生由于意志薄弱，心理承受能力差，没有学完就提前回国了。他是一个失败者，他对男人的嫉妒没有任何心理准备。他也是一个脆弱者，没有“不以物喜，不以己悲”的胸怀，所以才会受外界干扰，当然不会成功。

只有具有良好的心理状态，既懂得竞争又懂得超脱的人，才会成功。孩子们应该从小就得到这种训练。

都是嫉妒惹的祸

晓梅今年上初二，是个乐观开朗的女孩。在学习上，她也是稳坐班级第一的宝座。可在杨潇转学到这个班级之后，晓梅第一的位置受到了威胁，两个人的成绩不相上下，名次频换。更让人气愤的是，原来经常由晓梅负责组织的班级活动，老师却经常委派杨潇去做，好像把晓梅完全忽略了。

那天下午最后一节课，大家都在操场上看足球赛，晓梅靠在乒乓球台上，而杨潇刚好坐在球台上，离晓梅很近。看着杨潇的背影，晓梅越想越气，连看球都没心思了。都是他让自己难堪，不报复他一下，心里的这口恶气怎么出得来？想到这里，晓梅猛地伸手，把杨潇从球台上推了下去。刚巧，杨潇落地时左脚踩到了一块小石头，导致左脚骨折了。看到大家手忙脚乱地把杨潇送往医院，晓梅一下子慌了，她只是想教训他一下，怎么就让他受伤了呢？晓梅真的没想到会发生这种事。

当天回到家里，晓梅一直心神不定。吃饭的时候，也是一副心不在焉的样子。爸爸一直观察着晓梅的脸色，他觉得晓梅心里肯定有事。吃完了饭，晓梅刚要回房间，被爸爸叫住了。

晓梅见瞒不住了，而且憋在心里实在难受，倒不如让爸爸给想想办法，就把事情和盘托出了。

爸爸听完，脸色很严肃，沉着脸说："嫉妒就像棵毒草，如果任由它疯长，以后会毁了你的。你现在，首先要拔除嫉妒这棵毒草，然后，真诚地向杨潇道歉。走，我们现在就去医院，你要当面向杨潇道歉。"晓梅跟着爸爸来到了医院。杨潇的左脚已经做了手术，打着厚厚的石膏，吊在那里。杨潇正躺在床上休息。看到杨潇惨白的脸色，晓梅的眼泪流了下来，这都是自己造成的。

爸爸没有进去，站在门外等晓梅。晓梅轻轻地来到杨潇的床边。杨潇一看到晓梅，就笑着说："啊，真没想到你来看我了，多谢啊！"晓梅的脸红红的，不住地抽泣着，结结巴巴地对杨潇说："对不起，都是我推了你，你才受的伤。希望你能原谅我！""哦……呵呵，这样啊……"杨潇沉默了一下，才眨眨眼睛顽皮地说，"没什么，我休息一段时间就好了。你别往心里去。不过嘛，原谅你也可以，我现在不能上学了，你得来帮我补习。另外，你还得和我多练习英语口语，你的口语那么好，我真是羡慕啊！""啊？什么？"晓梅有点儿发懵。杨潇的英语成绩也很好，自己还感觉比不上他呢！怎么他反而觉得自己更棒呢？"愣什么？本来就是啊，你的口语比我好，作文也比我好，我还嫉妒你呢！"杨潇笑着说。杨潇的赞美让晓梅心里热热的，她一下明白了，其实杨潇并不是样样都好，自己也并不是样样都差；都是自己心态不好，光知道嫉妒了。以后要是和杨潇互相取长补短，就能共同进步了，那种靠实力的比拼，才更有挑战性。想到这里，晓梅和杨潇高兴地击了下手掌，向对方发出了公平的挑战。

12.面对厌学
——兴趣

假如把成功比作天堂，那么通往天堂的路只有一条，那就是乐学好问。因为生活中随处有我们不知道的知识，需要学习的地方实在太多。

假如把痛苦比作地狱，那么通向地狱的路也有一条，那就是:厌学。

只有全身心地投入学习，才能体验到学习的乐趣。要想改变你的未来，就必须先提升你的内存。天堂是用智慧建造的，而地狱是用愚昧铺成的。

如果真对学习提不起劲儿，请不要忙着去找医生，而是要去寻找兴趣。因为有了兴趣，你就不再是“要我学”，而是变成“我要学”了。

学习是一种渐入佳境的过程，当你真正钻进去的时候，就能感受到它的乐趣。知之者不如好之者，好之者不如乐之者。

听从自己的内心，做自己真正感兴趣的事情。

正确培养孩子的学习兴趣

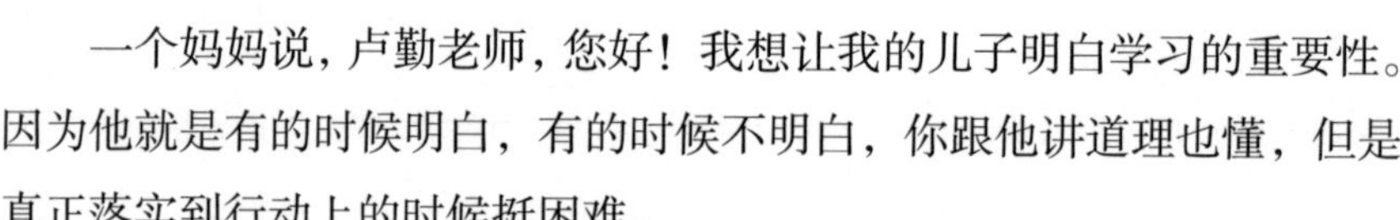

一个妈妈说，卢勤老师，您好！我想让我的儿子明白学习的重要性。因为他就是有的时候明白，有的时候不明白，你跟他讲道理也懂，但是真正落实到行动上的时候挺困难。

对厌学的孩子，可以尝试从这几方面入手：

1. 找到兴趣点。一个孩子学习积极性怎么才能上来，一定要有兴趣，孩子对学习要找到兴趣点才行。那可能在这门和那门都感觉不同，能够哪一门特别感兴趣，就找到这个感觉，慢慢地去寻找自己学习的乐趣。愿意学的时候，没时间都会挤时间学，就跟玩儿一样的感觉，所以我觉得，可以帮孩子找找兴趣点。

2. 帮孩子找到学习的成就感。家长应当爱护孩子那种成功的感觉，学习中厌学的孩子，是在学习上没有成就的孩子，如果他有成就感的话，他就会不断地努力。上课爱回答问题的孩子，常常是他预习了，然后明天老师一提问，别人都不会他会了，他就有劲头了；老师提问题，他还想回答第二个问题，他有成就感。所以当您的孩子有一点儿成就感，您要在乎他这点儿成就感，他有了成就感才能有兴致，学习才能成为他的自觉行为。另外，我们的家长们，千万不要跟孩子说，不好好学习将来要你捡破烂儿去。这句话最好别说了，我觉得说这句话，可能特别会伤害孩子的自尊心。这个捡破烂儿也不是什么让人瞧不起的事情啊，说实在的，社会上什么工作都需要。关键在哪里呢，那么一个优秀的男孩子，这么高高大大、很帅的男孩，如果他很有学习能力，他将来能做很多他想干的事情，这点上我觉得应多鼓励。他为什么爱玩游戏啊，可能是游戏中给他很多成就感，他就迷恋进去了。学习中老是不行，你要多发现他行的地方。

3. 多鼓励。所有厌学的孩子，是因为妈妈爸爸成天在身边说，你的学习不好你要抓紧，说来说去他就厌学了。小孩子就怕你觉得他厌学，其实他根本不懂什么叫厌学，也没有厌学，再说下去就厌学了。

4. 形成好习惯。孩子对很多东西开始时都是有兴趣的，这时父母应该培养他形成好的习惯，等到他有些烦躁的时候，父母可以让孩子知道一种好的学习习惯能够使他获得成功。所以，在培养孩子的兴趣中，要给孩子一个机会，让他自己去品味，真正找到一种成就感，他可能就有兴致了。因为人的大脑就像一扇一扇的窗户，当你打开一扇窗户使孩子充满了兴致，他以后就会对这方面充满兴趣；如果打开一扇窗户使他充满恐惧、充满压力，可能窗户就关闭了。但是这一扇窗户跟下一扇窗户是有关系的，所以兴趣的培养可以从一个方面入手，找到感觉和成就感，然后就会影响其他的方面。

我国著名的阶梯教育法创始人程宏荀教授从长期的研究中发现，要想有效地指导孩子学习，就要给孩子铺出一个阶梯，一点点进步。比如听我讲课吧，我将之分为几级。一级，我说什么大家就跟着听什么，叫跟着。二级就是懂记，一边懂一边记。三级就是联想，我讲话你联想。前三级就是三个字，懂、记、想，如果孩子真能实实在在地把这三字搞好，学习就会很扎实，甚至连活得都扎实。你看前三级，孩子能做到懂、记、想吗？如果能长期地达到懂、记、想，小学生一般能达到优秀，中学生能达到良，现在更多学校把这个方法搞好了，高考都可以考个高分。

5. 让孩子快点儿收获。让孩子快点儿收获什么意思？老师哪个字写得好，自己多留心，哪一句话说得好也多重复一下，还有哪个老师肢体语言优雅，自己也有点儿美感。所以，我说什么是高水平上课呢？我不知道现在学生能做得到做不到，上课一定要有一个良好的情感和精神状态，往那儿一坐感觉环境清新，环境美，这种感觉的学生学得会更扎实，从内往外学习更全面。

6. 肯定现在的成绩。要先肯定孩子现在的成绩，孩子最需要肯定现在的成绩。教育有 12 个字的秘诀，叫“低起点，小坡度，勤奋到，大发展”。什么意思呢？给他个低起点，应该把基础的东西赶快打扎实，如何上好课，如何做好作业。这些基本的东西赶快让他消化。小坡度，让他尝到甜头，孩子最重要的是通过自己努力上一个台阶，够得着果子，尝得到甜头他更来劲，这是阶梯教育的一部分。总的来说家长也好，老师也好，一定要找到适合孩子水平的教育。

7. 确立学习目标。冉教授说了一个很关键的事情，人有目标的时候肯定走得快，没目标的时候肯定走得慢。今天很多孩子在学习的过程中很迷茫，我要不要学习，我学习的东西跟明天有什么关系。这是因为没有目标，有目标才能让人去实现梦想。像陈景润能够证明哥德巴赫猜想，他是什么时候有的这个目标呢？他上学的时候，老师就讲过在科学的殿堂中，最高峰的是数学，而数学的皇冠就是数论，而哥德巴赫猜想是皇冠中的一颗明珠，是一个世界性的难题。老师可能就这么一说，别的人就这么一听，而陈景润听了，心中就有了这个揭开难题的梦想，后来他真的成功了。那他为什么能成功呢？因为他有想法，所以有人说最可贵的就是想法，你要有了一种想法，于是你就有了一种动力。

爱动脑筋的富尔敦

在美国，有一位非常有名的工程师，他的名字叫富尔敦，就是他发明了轮船。

可是，富尔敦小的时候，学习并不用功，成绩也很一般。不过他的图画画得很好，也很喜欢琢磨。

老师见富尔敦整天把心思都用在别的地方，学习成绩一天天下降，就把富尔敦叫到了办公室，语重心长地对他说："富尔敦，我知道你很聪明，你的画也画得很好。但是，你应该在其他功课上花点儿心思，否则，你就要留级了。"富尔敦虽然在老师面前表示自己要努力学习，可是私下里照样我行我素，根本没把老师的话放在心上。下课后，他除了画画就是变着法儿玩，还是不爱学习。

有一天早晨，富尔敦到河边去玩，看到河里有一条小船，就解开缆绳，跳了上去。他坐在船边上，两只脚随意地在水里晃动着，脑子里却在思考着昨天的问题。不知不觉间，小船已经到了河中心了。富尔敦抬头一看，自己离河岸已经很远了，不由得感到很好奇：自己只是用两只脚随意地动了动，怎么船就会到河中心了呢？

爱动脑筋的富尔敦马上有了一个大胆的想法：如果用机器来代替双脚的划动，那船走起来不就会快很多吗？

回到家里，富尔敦开始画图，他先画了一艘船，然后在船上画了一个风车似的桨叶，再画几个传动轮，让桨叶在传动轮的带动下不断转动，这样，桨叶就像人的双脚在水里划动一样，船就可以前进了。可是，虽然富尔敦把图画得很好，但是，轮子的周长、桨叶的大小、转动的速度等很多数据都需要计算，计算就需要专业的知识，这可把富尔敦难住了。这时，富尔敦开始后悔没有听老师的话。于是，富尔敦下了决心，以后一定要学好知识，只有把知识学扎实了，才能应用到实际生活中去。

从此以后，富尔敦找到了自己的兴趣点，他像变了一个人似的，每天上课的时候，很认真地听老师讲课；下课后，认真完成作业。时间不长，他的成绩就有了显著的提高。业余时间，富尔敦并没有放弃自己的爱好，经常借很多关于造船的书来读。

1807 年，富尔敦终于靠着自己的努力，造出了世界上第一艘轮船，为人类的航海事业做出了巨大的贡献。

13.面对自卑
——自信

面对长相，你可以有一万个理由用自爱代替自卑。

因为在这个世界上，你是独一无二的，就像天下没有两片相同的树叶，人间也没有任何一个人和你长得一模一样。

每个人都有优点和缺点、长处和短处。一旦你学会突出自己的优点和长处，自卑感就会消失。“我能行”三个字将使人转败为胜，把弱点转化为力量。

改不了模样不如改变心情，改变心情就会改变世界。当你换个角度，用欣赏的眼光看待自己，就不难发现自己独一无二的内在美。

人类正是因为不同而美丽，世界更是由于不同而精彩。

只有你喜欢了自己，别人才会喜欢你；只有你接纳了自己，别人才会接纳你。

一个人不怕别人瞧不起，最怕自己瞧不起自己；不怕别人朝你说“太糟了”，最怕自己对自己说“太糟了”。如果你想当个快乐小天使，就要常常对自己说：“太好了！”

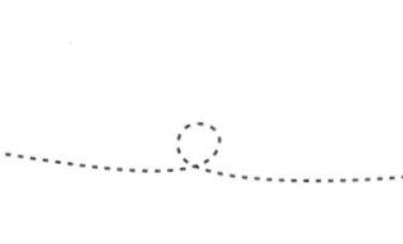

培养孩子的自信心

一个人怎样培养自信心呢？我有几条建议。

一、树立“我能行”的目标，相信自己行，就没有克服不了的困难

拿破仑要翻越阿尔卑斯山时，英国人和奥地利人都嘲笑他是疯子，因为在他们看来，带领大部队越过这座山是永远都不可能的。但事实上，拿破仑成功地越过了，因为拿破仑相信自己，而没有相信众多英国人和奥地利人认为“不可能的”命运。

你不可能成为拿破仑，你面临的困难也没有越过阿尔卑斯山那么大，你只需要在面对困难时，对自己说：我一定能成功闯过去！

二、体验“我能行”的过程

有一个寓言故事：两只青蛙在觅食中，不小心掉进了路边的牛奶罐，罐里的牛奶足以使青蛙遭遇灭顶之灾。一只青蛙想：完了，全完了，这么高的牛奶罐啊，我永远爬不出去了。它很快就沉了下去。另一只青蛙看见同伴沉没在牛奶中，并没有沮丧，而是不断对自己说：“上帝给了我坚强的意志和发达的肌肉，我一定能跳出去。”它每时每刻都鼓起勇气，一次又一次奋起、跳跃——生命的力量展现在每一次的搏击和奋斗中。不知过了多久，它突然发现脚下黏稠的牛奶变得坚实起来。原来，它反复的践踏和跳动，已经把液状的牛奶变成了奶酪。不懈的奋斗和抗争终于赢来了胜利。它轻盈地跳出牛奶罐，回到池塘，而那只沉没的青蛙却留在了奶酪里。

现在你明白了吧，失败是一个过程，而不是结果；是一个阶段，而非全部。正在经历的失败，是一个“尚在经受考验”的过程。

三、坚定“我能行”的信念

“再坚持一下”，是区分“我能行”和“我不能”的标志，是一个人对自己所从事事业的坚定信念。

在百年不遇的印度洋大海啸中，15 岁的女孩樱达是记者发现的印尼亚齐省第一个幸存者。洪水袭来时，她的父母和弟弟都被洪水卷走了，她紧紧地趴在茅草屋顶上顺水漂流，心中一直想着“再坚持一下”。一天以后，她被冲到了 100 公里处的海滩上，在海边的森林里待了一夜。有一条手臂粗的大蟒蛇始终围在樱达身边，不但没有伤害她，还保护她免受其他猛兽侵扰。第二天，樱达发现海边有船驶过，船员救了她。试想樱达如果不是有一种“我能行”的信念，她就不可能在失去亲人时，独自坚持那么久，也不可能和一条大蟒蛇安然相处。“我能行”的信念帮助樱达创造了生命的奇迹，从死神手中赢得了胜利。

“我能行”的人，正是那些遇到困难时能“再坚持一下”的人。

四、感悟“我能行”的意境

“我能行”的信念，并非贴在高考榜上，而是要铭记在你心中。唐朝玄宗天宝年间，有个才华横溢的年轻人，到京城应试，自信能考个不错的名次，结果金榜无名。他几乎不相信这个现实，感到极度沮丧。为排遣苦闷的心情，在一个深秋之夜，他租了条小客船，从京杭大运河泛舟而下，漂行到枫桥镇。夜已经很深了，四周寂静无声。突然，一阵动人心魄的钟声，从枫桥镇近旁的寒山寺传来，悠长、凝重，在宁静、深沉的夜里久久回荡，钟声撞击着年轻书生的心，使他为之一振，提笔写下一首好诗：“月落乌啼霜满天，江枫渔火对愁眠。姑苏城外寒山寺，夜半钟声到客船。”

这个落第书生，名叫张继。他在最愁苦的心情下，被洪亮、幽深的钟声打动,体味出钟声中的无限意境,心胸豁然开朗,写出了千古绝句《枫桥夜泊》。一千多年后，谁也不记得那次科举考试状元的名字，但几乎人人会咏诵《枫桥夜泊》，更知道这首诗的作者是张继。千百年来，这首诗为枫桥镇引来络绎不绝的听钟人，人们期待被突然而至的钟声“敲醒”。

我曾用这个故事鼓励过许多高考落榜的同学，告诉他们，人生的许多感悟，往往来自失意。

“我能行”的人，并不是获胜的机会多，而是经历的挫折多，在挫折之中感悟得多。面对挫折，你要把握机会，仔细品尝挫折带来的人生感悟，并且抬起头，一次又一次地对自己说:“我不是失败了，而是没有成功。我相信，我能行！”

相信我能行

哲学家柏拉图为哲学奉献了一生，可谓是桃李满天下。眼看着自己年纪越来越大，生命的蜡烛就要燃尽了，他心中的一个念头越来越强烈，那就是考验并点化一下自己的助手。这位助手跟随柏拉图多年，不仅各方面能力很强，而且工作一直兢兢业业的。柏拉图希望自己死后这位助手能够接管自己的事业，并把它发展下去。

有一天，病重的柏拉图把助手叫到床前，对他说："我需要一位很优秀的继承者，他不但要有聪明的头脑，还要有充分的自信和非凡的勇气。可是，我耐心寻找了这么多年，一直没有找到，你能帮我找到这么一个人吗？"助手向来对柏拉图非常景仰，听了柏拉图的话，忙说："好的，先生。我一定竭尽全力替您去寻找。您耐心地等我的好消息吧！"没过几天，助手就把一个人带到柏拉图面前，对柏拉图说："先生，这个人很聪明，大家都说他很不错，您看行吗？"柏拉图问了那个人几个问题，可那个人的答案令柏拉图很不满意，柏拉图摇摇头，让那个人走了。

后来，助手又千方百计地找来不少人带到柏拉图的面前，这些人不是缺少智慧，就是缺乏勇气，总之，都不能让柏拉图满意。

助手为此事辛苦了半年，可还是没有找到柏拉图的接班人。柏拉图的病越来越重了，他感觉自己没有时间再等了。一天黄昏，柏拉图又把助手叫到了床前。

助手因为没能完成柏拉图交给他的任务，觉得很惭愧，低着头站在柏拉图的面前。柏拉图硬撑着病弱的身体，拍拍助手的肩

膀说：“这么多天来你一直为这件事东奔西走，真是辛苦你了，谢谢你！”助手看着柏拉图说话时气喘吁吁的样子，禁不住泪流满面地说：“对不起，先生！我没能完成您交给我的任务，您一定对我很失望吧？”“我是有些失望，不过不是因为你没有找到我需要的人，”柏拉图拉过助手的手说，“而是你没有明白我的用意。其实，你找来的那些人都没有你优秀，你很符合我的要求。但是，你不相信自己，更不敢推荐自己，以至于把自己耽误了。我们每个人都很优秀，关键问题是如何认识自己、发掘自己和重用自己，你啊……”柏拉图的话没说完，拉着助手的手突然垂了下来。助手泪眼婆娑地抬头一看，这位伟大的哲学家已经永远地闭上了眼睛。

助手料理完柏拉图的丧事以后，带着满腹的伤心和难过悄悄地离开了这座城市，很可能他的后半生都会在后悔和自责中度过了。

如果助手当初能看到自己的长处，正确认识自己，相信自己能行，大胆向柏拉图自荐，那么一切都会顺理成章。自己不必自责和懊悔，还可以把伟大的哲学家柏拉图的事业发扬光大，自卑真是害人不浅！

14.面对诱惑
——自律

大千世界，五光十色，存在着各种各样的诱惑。

我们一定要管住自己，当好自己的管家。

要在这个充满诱惑的社会中立足，你就要当好自己的卫兵，为自己把好人生的大门。该做的事，大胆去做；不该做的事，坚决不做。

不要因为美丽而去采摘有毒的蘑菇！面对诱惑，学会勇敢地说：“不！”在诱惑面前，学会自制。

自制是一个人内在的强大力量，能够控制住自己，才能成就大事。

你征服了自己，就征服了一切。

文明的孩子靠自律

一天，我打开电视机，收看中央电视台的《焦点访谈》节目，看见记者正在报道大连市“讲文明，树新风”活动。一位接受采访的大连男孩子说:“管住我的嘴，不说脏话;管住我的手，不乱扔垃圾;管住我的脚，不践踏草坪。”

男孩子讲的“三管住”，给我留下很深的印象。我想，为人父母，天天离不开“管孩子”,管教孩子,是每一位父母的责任,问题是怎样“管”法，是打？是罚？是责骂？我看大连的这个孩子讲出了一个好办法：让孩子自己管住自己，这叫自律。

为孩子塑造文明形象，特别要强调自律，家长不妨做好三件事：

一是家长带头管住自己，不做不文明的事。比如，过马路带头走人行横道，再急也不跨护栏、闯红灯。在公共场所遵守秩序，买东西带头排队；不说粗话，不发脾气……处处为孩子做出榜样。

二是要不断给孩子提个醒，唤起并强化他们自己管理自己的意识。比如，孩子买了冰棍在剥冰棍纸时，您就提醒他：“想一想该扔到哪儿呀？”去别人家做客，您事先要告诉他，怎样当文明小客人，看展览时，如何观赏别人的作品……

三是让孩子学会想到别人。虽然平常，却是做人的一条重要守则。“美德出良才。”良好的文明习惯来自良好道德品质的培养。只有教育孩子从小事事处处“想到别人”，讲文明，守秩序，他长大后才可能具有文明礼貌的自觉行动。

我的一位中学同学去英国攻读博士学位，住在一个英国人家中。回国后，她对我讲：“在英国，父母教育孩子关心别人是从小处入手的。比如，出入公共场所，父母总要提醒孩子，当自己推门而入时，一定要回头看看身后是否有人，如果有人，你要用手替别人扶着门，等人家接触到门再放手，以免撞伤别人。这虽是一个很小的动作，但我发现，所有的孩子都是这样做的。”

在我们的生活中，这种事常常被人们忽略。很多大人进门时，猛地推开门马上就松手，反弹回来的门有很大的惯性，会撞到后面的人；再比如，有些人在路边乱扔果皮，从不考虑是否会使别人滑倒；有些人骑车随地吐痰，根本不管是否会吐到后面人的身上；还有的人，在公共场所大声喧哗，不去想是否会影响他人的工作或休息；他们不知道，开会时台上的人正在讲话，台下听众中也有人讲话，这是对台上讲话人的不尊重；老师站在讲台上讲课，同学们在下面乱讲话，这是对老师的不尊重；在公共汽车上大声说笑，既是对周围人的不尊重，也是对司机注意力的干扰。事事处处让孩子“想到别人”，管住自己，不是一件容易的事。

有个女大学生曾对我说：“我为什么要为别人着想，我万事不求人。”

我问她：“你每天要吃饭，饭是从哪儿来的？”

“我自己做的。”

“米面是从哪儿来的？”

“我自己买的。”

“不错，米面是你花钱买的。但米面不是从天上掉下来的。”

我告诉她：“农民从播种、浇水、锄草、施肥、收割，到把粮食送到粮站、粮库，最后送到祖国各地，这要经过多少人的手，经过多少劳动环节呀，怎么能说万事不求人呢？”

“再说穿衣服吧，这个程序就更长了。从农民种棉花开始到收获、纺纱、染色、织布，裁制成大小肥瘦适合各种人的服装后送到商店，你看这又要经过多少过程呀！一个人要在社会上生存，离开谁都不行。一个人不管你有多么伟大，都离不开别人。既然离不开别人，就要时时想着别人。‘与人方便，自己方便’，关心别人，学会和别人合作，珍惜别人的劳动……”

一个看来挺简单的道理，讲起来却很复杂，因为这不仅仅是一件东西的生产过程，而且涉及一个人与社会的关系。我对这个大学生讲：人的一生中，每一件事物都不完全是属于自己的。所以，请不要说“我万事不求人”。

一个人的能力是极有限的，如果没有他人的帮忙，你什么也干不成。了解别人的劳动与自己的关系，对树立为别人着想的品格十分重要。“相信别人，相信所有的人对你都很重要，你才会尊重每一个人。”妈妈们应该让孩子懂得这条做人的原则。

中国历代名人中，有许多教子做人的典范。我国现代文学史上具有广泛影响的作家、著名的教育家叶圣陶老人在教育子女方面有独到之处。他教孩子修改文章，首先要求孩子们张口念文章，他说：“就是嘴里不出声，心里也要念。念他几遍，就知道行还是不行了。”因为文章是给别人看的。念，就是把自己放在读者的位置上。一念，不通顺的句子和语病就出来了。

叶圣陶反对孩子作文用生僻的词语、晦涩难懂的句子，反对念“白肚皮经”。也就是说不能只顾表现自己，不顾别人明白不明白。许多事情自以为想明白了，可是一写出来，没有把思路整理清楚，别人还是看不明白。叶圣陶一再对孩子们讲：“写文章要想到别人，想到读文章的人，要把自己换一个位置，设想成读文章的人，再来看一看文章究竟写得怎么样。”

“要想到别人”，是叶老写东西的一条重要的守则，更是他为人的一条重要的守则，即使在一些细小的地方也能表现出来。有一次，叶圣陶让儿子叶至诚拿一支笔来，儿子头也不抬就随手将笔递了过去。不料，把笔尖递到了父亲的手里。他严肃地批评儿子：“递东西给人家，要先想一想人家接时是否方便。如果递刀子、剪子也这样的话，不就把人家的手戳破了吗？”就这样一点一滴，日积月累，叶氏兄妹三人不但学会了作文，更学会了做人。

“要想到别人”，平平常常五个字，却有着深刻的内涵。这是“为人的一条重要守则”。这条守则，要到上学时再告诉孩子就晚了，应该从小就让孩子知道，并按这个守则去做人。

那么，由谁来告诉孩子呢？当然应该是妈妈，是爸爸。父母的责任是教孩子做人。学会做人这是一个人事业成功的基石。而做人的道理，大都不是坐在课堂里学会的，而是在生活中父母随时随地教给孩子的，让孩子学会管住自己，是非常重要的一课。正像高尔基所说：“哪怕是自己的一点小小的克制，也会使人变得强而有力。”

知心故事

真正的富有

一个寒冬的晚上，阿东的妻子阿梅到医院看望一个生病的朋友。下楼时，一不小心把皮包掉在了地上，可能是因为她的腋下还夹着一件衣服，她竟然一点儿感觉都没有，出门上了一辆汽车，就回家了。

回到家后，阿梅发现皮包不见了，非常焦急。因为那里面不但有 10 万美元现金，还有一份十分机密的市场信息报告，如果找不到，可能会损失比 10 万美元更多的钱。阿东和阿梅立即赶往医院寻找。

夫妻俩急匆匆地推开医院的大门，来到住院部的走廊，一眼就看到一个被冻得瑟瑟发抖的瘦弱女孩蹲在那里，怀里抱着那个皮包。

原来，这个女孩名叫罗莉，是跟病重的妈妈一起来看病的。虽然卖了家里所有的东西，可还是付不起住院费。明天，罗莉和妈妈就要离开这里了。看着被病痛折磨得很痛苦的妈妈，罗莉很难受，很想大哭一场，可是又怕妈妈伤心，罗莉就离开病房，在走廊里悄悄地抹眼泪。

就在不久前，阿梅从楼梯上走下来，把皮包掉在了地上，却全然不知。这时，走廊里只有罗莉一个人，她走上前去捡起皮包，急忙追出门外想还给阿梅。可阿梅早已没了踪影。罗莉拉开皮包的拉链，立刻倒吸了一大口气，好多钱呀！罗莉还从没见过这么多的钱！

好一会儿，罗莉才缓过神儿来，她看了看四周，什么人也没有。

于是，罗莉连忙拉上皮包的拉链，回到妈妈的病房。

“妈妈，我们有钱了！你可以不用离开医院了。”罗莉把钱包递给妈妈，两眼发光，兴奋地说。

妈妈打开钱包，也很惊讶。这笔钱足以支付高昂的医药费，还可以请很好的医生治自己。

然而，妈妈只犹豫了几秒钟，就拉上皮包的拉链，说：“失主现在一定很着急，到处找呢。孩子，你到走廊上去等着。一会儿，丢钱的人一定会回来找。尽管我们非常需要钱，可这些钱不是我们的，我们不能动。”尽管罗莉心里不情愿，但还是听妈妈的话，来到了走廊上。阿梅找回了10万元现金，更重要的是没有丢失那份很重要的市场信息报告。看到罗莉母女的窘况，阿东和阿梅决定拿出钱来帮罗莉的妈妈看病。可是，因为错过了最佳的治疗时间，罗莉的妈妈不久还是离开了人世，把孤单的罗莉留在了人间。

阿东和阿梅收养了罗莉，像对待自己的亲生孩子一样对待罗莉。他们觉得，有着如此善良心灵的罗莉应该得到别人的真心疼爱。而且，只有这样，他们才能对得起远在天堂的罗莉妈妈。

同时，罗莉和妈妈恪守人生准则的行为也启发了阿东，让他深刻地感觉到，真正的富有不是拥有数不尽的钱财，而是具备高尚的品行。

15. 面对冲动
——冷静

人是自己情绪的主人，是自己情感至高无上的统治者。能够控制自我、控制情感、控制欲望和恐惧心理的人，比国王更伟大、更幸福。

无论是谁，只要能下定决心，控制好自己的情绪，决心就会为他的自控行动提供力量和后援。

发泄不良情绪最好的办法有三个：

一是运动。运动可以消除心理疲劳，也可以缓解心中的不快。

二是释放。找个知心朋友谈谈心，聊一聊，把心中的不满、抑郁释放出来。

三是忍耐。忍一时风平浪静，退一步海阔天空。

面对他人的冲动，我们应该学会保护自己，不卑不亢，不受他人影响。

冲动是魔鬼。发怒的人是弱智的，生气的人是替别人的过错承担痛苦。

搞定脾气暴躁的孩子

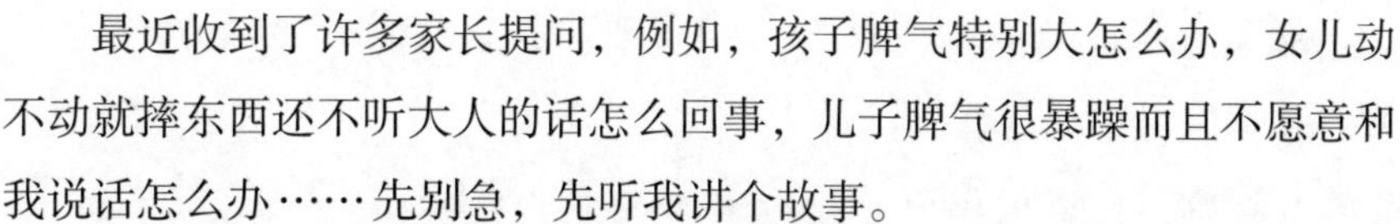

最近收到了许多家长提问，例如，孩子脾气特别大怎么办，女儿动不动就摔东西还不听大人的话怎么回事，儿子脾气很暴躁而且不愿意和我说话怎么办……先别急，先听我讲个故事。

有一位朋友给我讲了一件她小时候发生的事情："有一次我打开冰箱，右手去拿大罐牛奶，结果没拿稳，手一松，就把整罐牛奶打翻了。当时，我吓呆了，缩在墙角，因为牛奶洒满厨房的地上，妈妈可能会骂我。可是，当妈妈走过来看到时，却说，'哇！我从来没有看过如此壮观的牛奶海洋，好漂亮哦！'我听妈妈这么一讲，突然就不害怕了。这时妈妈又对我，'你好厉害，妈妈长这么大，都没有看过这么漂亮的海洋，你愿意不愿意帮妈妈一起把牛奶打扫干净？'后来妈妈就拿着抹布、水桶等用具，带着我一起把厨房打扫一遍，厨房很快变得干净无比。这时，妈妈又把我先前打翻的塑胶牛奶罐装满水，放进冰箱，然后再教我，怎么拿才不会打翻。就是必须用双手一起拿，这样牛奶才不会松掉，才不会打翻在地上。"

看完了这个故事，是否感觉这位妈妈克己的功夫和教育的技巧很深厚？其实你也可以做到的！然而，在现实中，很多父母都会大发雷霆，责怪甚至打骂孩子。其实当错误发生的时候，发脾气也是于事无补，并不能解决问题。为了避免同样的事情发生，应该告诉孩子以后该怎么做，并且亲身做出示范。对孩子发脾气，通常可能会造成两个后果：一个是促使孩子形成懦弱胆小的失败个性，另一个由于自己做出了不良示范，而孩子也滋生了暴躁的性情。父母都是希望孩子能成为一个人格健全快乐向上的人，而想让希望变成现实就要从自身做起，磨炼自己的忍耐力，为孩子做出榜样，用实际行动告诉孩子：脾气是可以控制的！

“我是你的父母，你不听话，我就有权利向你发脾气！”这种心理是不对的。父母要尊重孩子的感受，这样孩子才会尊重父母的感受，两者才能形成良好的互动关系。否则，孩子可能会产生强烈的逆反心理。

此外，无论父母还是孩子，做错事都应该勇敢地承认错误。如果父母冤枉了孩子或者错发了脾气一定要道歉。这样孩子才会感到，父母并不是高高在上的，也就愿意亲近你了。

现在推荐给父母六个办法，有了这些办法，就能更好地克制自己的脾气，也能更加顺利地教育孩子了。

1. 检查自己。检查自己，父母应该时时仔细检查自己，什么时间，什么地点，什么情况下，自己的心态会出现比较大的波动，会容易在孩子的身上发脾气，然后提前进行克制与预防。

2. 彩排换位。提前彩排事前设想，在什么情况下，自己应当做出什么样的积极反应，然后在脑海中模拟这种反应。你还可以演家庭小品。孩子或其他家长扮演“孩子”，你扮演“成功家长”。模拟生活中的各种场景，表演“成功家长”的各种表现，自然你的脾气就会变好。

3. 奖罚自我。每发一次脾气，就给你自己一个小小的惩罚。每克制一次脾气，就给你自己一个小奖励。并让孩子对你监督，这样会促使你更加克制自己的脾气。

4. 改变环境。改变一下环境，心烦意乱的时候，放下手里的工作，整理书柜，整理写字台，换一换墙上的成功格言，不一会儿，心情就会好很多。

5. 要求合理。小步前进，要求合理，父母不要对孩子与自己提过高的要求。不要试图一下子就提高孩子的成绩或改掉自己的坏脾气，否则一旦没有达到目标，就可能对自己失去信心。每天给孩子制定一个他能实现的目标。比如吃饭不好好吃，那么第一步就要求他一到吃饭时间，就准时坐到饭桌前。当孩子达到这一步时，就进行赞扬和鼓励，然后再进行第二步。不久孩子不好好吃饭的坏习惯就会改掉的，而父母的脾气也会变好。

6. 制造提示物。制造提示物，林则徐常把一块写着“制怒”的木牌放在案上，时刻提醒自己要保持冷静。父母也不妨仿效林则徐的这种做法，制造不生气的提示物，一看到它，就可以提醒自己：不要在孩子身上乱发脾气。

这六种方法有助你对发脾气的克制。坚持下去，你就会成为有耐心而且被孩子喜爱的父母，而孩子受你的影响，也不会脾气暴躁了。

知心故事

爸爸，生气有伤身体

肖潇家里最近的气氛很沉闷，确切地说应该是火药味很重。至于具体原因嘛，就是肖潇的爸爸因为降职，心里不痛快，就总是把肖潇和妈妈当出气筒。

这天晚上，爸爸下班回到家，看到肖潇在看电视，就把皮包往沙发上一扔，没好气地问："功课做完了吗？钢琴练了吗？英语听了吗？"肖潇这时就得赶紧关掉电视，重新拿出课本复习。尽管作业已经做完了，英语也听了，钢琴也弹了，但是，爸爸正在气头上时，按他的要求做，是唯一能让他消气的方法。

妈妈做完饭，把饭菜端上了餐桌。一家人围在桌子前吃饭。爸爸一边吃一边挑拣着盘里的菜，不满地说："怎么今天又都是青菜，也不做个肉。你整天都干什么呢？"妈妈连忙解释："我今天加班了，去超市时只有几块肉了，还都比较肥，你们爷俩又不爱吃肥肉，我就没买。""就你那个班上不上不吃劲，也赚不了多少钱，干得还挺带劲儿。"爸爸瞟了妈妈一眼。

妈妈平时脾气很好，也总是让着爸爸，为此受了不少委屈。可是爸爸蔑视妈妈的工作，妈妈心里不乐意，就反驳爸爸："虽然我的工作没你的工作挣钱多，可是我喜欢，我愿意干。""干什么干？你把饭给我做好了，把我们爷儿俩伺候好了，这就是你的工作。"爸爸瞪了妈妈一眼，带着不屑说。

"你这是什么话？你是歧视妇女！"妈妈反抗了。爸爸一见妈妈反抗，立马发怒了："你们女人就是没什么本事，就应该好好待在家里。""你……你……"妈妈被爸爸噎得说不出话，生气地放下筷子，进屋里去了。一会儿，肖潇就听到了妈妈压抑着低声抽泣。

肖潇看不下去了，他觉得爸爸很长时间在家里都是这样，唯我独尊、乱发脾气，完全不顾自己和妈妈的感受。

妈妈不知道背后偷偷哭了多少回。他真想和爸爸大吵一架。

但是他心里清楚，爸爸之所以这样，是因为工作不顺利，心情不好。如果自己以火攻火，不仅于事无补，还会让爸爸伤心。于是，他逼着自己冷静下来，淡淡地对爸爸说："爸爸，你心情不好我们理解，但是您不能总把妈妈和我当出气筒。"看到一向听话的儿子这样说他，爸爸立刻怒发冲冠，指着肖潇就骂："你这个小兔崽子，翅膀硬了，敢说我的不是了！我是你爸，想干吗就干吗！"肖潇这次没有被爸爸吓倒。他看着爸爸，平心静气地说："你这样对妈妈不公平，而且总生气对你身体也不好。你是男子汉，应该学会调节自己的情绪！"看着面色平静的儿子，爸爸愣了一下，一扭身，坐到了沙发上。过了一会儿，爸爸转身进了屋里。隔着虚掩的门，肖潇听到爸爸在哄妈妈。

肖潇笑了。从这以后，爸爸还是会发脾气，只是次数日渐减少。爸爸偶尔发脾气时，肖潇会不动声色地提醒爸爸。笼罩在家里的火药味渐渐被小风吹散了，肖潇家里的气氛和谐了起来。

肖潇认识到：人在愤怒时，必须克制情绪，不慌不忙，冷静地想出办法才是上策。

16.面对放弃
——坚持

面对放弃，你一定要三思：你放弃的究竟是什么？如果是你的目标，那你一定不要放弃！因为你放弃了目标，就迷失了方向。

面对放弃，你一定要三思：你为什么要放弃？和你目标无关的东西或是阻碍你前进的障碍你一定要大胆放弃，因为有舍才有得，轻装才能上阵；如果是因为自己意志薄弱，害怕失败，那你一定不要放弃，因为轻易放弃，你将永远都到不了终点。

面对放弃，你一定要三思：如果放弃了，你后不后悔？如果你预感自己日后要后悔，那么此时你千万不要放弃。因为放弃容易，捡回来就难了。

如果你做什么事都不能坚持到底，时间一长，你就养成了半途而废的坏习惯，那么一生都会一事无成。

坚持是一种习惯，放弃也是一种习惯。习惯的力量是惊人的，习惯能载着你走向成功，也能驮着你滑向失败。

在实现成功的路上，除了要不断地激发自己的成功欲望，有信心、有热情之外，还要搭上“坚持”这一成功的快车，实现自己的目标。

坚持才能培养孩子的好习惯

三四岁，是一个孩子的第一反抗期。许多父母很奇怪，为什么很听话很乖的宝宝到了3岁就不乖了，开始和父母对着干。我告诉他们，孩子的第一反抗期来到了。他开始与父母较量，看谁厉害。这时，父母要学会与孩子斗智斗勇，既不能简单粗暴，又不能纵容他无理取闹。因为纵容只会使一个很好的孩子变成一块不可雕琢的朽木。

有人说，“三岁看大，七岁看老”，不是没有道理。有些坏习惯往往是从小养成的。所以，我们做父母的要有一个信念：孩子每一次无理取闹，绝不能让他得到好处，尤其是第一次。

前不久，新浪网邀请我做客微博，上万名网友提问。其中一个称艾希儿的网友问：“卢老师您好！我的女儿刚满一岁，最近这段时间总是动不动尖叫，很大声音那种，只要不如意就发出那种尖叫，好像很生气的样子，弄得我不知道怎么办才好，总是向她妥协也不是办法呀！”

我是这样回答的：“尖叫是发声的一种表现，不必太在意。当她尖叫的时候，你们不要有什么特殊的反映，这样让她知道，尖叫没有招来什么人；当她声音比较平和的时候，你们就对她亲热一点，让她觉得这种声音比较吸引人。”

小孩子都是在体验中长大的。他们与父母较量中，会摸索出许多经验：“父母是吃硬不吃软，还是吃软不吃硬？”你害怕什么招数，他就会使用什么招数，所以，你千万不要上当。但是，最重要的，是让孩子明白：一个人要对自己行为的后果负责任。有的孩子会用“绝食”与父

母对着干，他们知道：大人最怕小孩不吃饭。

一次，一位年轻妈妈向我诉苦："我那个臭儿子每天晚上叫他吃饭，他都不吭气，也不过来吃。等饭都凉了，他才慢吞吞地过来吃，我只好再为他热。有时半夜起来说：妈，我饿了！我还得给他重做。就为他吃饭，我都愁死了！"

"都是你惯的！"我毫不留情地批评她，"你这是纵容他不尊重你的劳动！"

我为她支了一招：和儿子商量好开饭时间并告诉他，到点就开饭，过时不候！你做好饭，叫他："吃晚饭了！"他不吭气，你们一家就开吃，吃完把剩的菜饭都倒掉，冰箱方面食品也清空，饿他一顿保证有效。

这位妈妈真照我说的做了。一次，她做好晚饭，看看开饭时间已到，就召唤儿子："吃饭了！"儿子坐在电脑前，一动不动，妈妈又喊了一声，儿子装没听见。妈妈招呼家里其他人来吃，吃完把剩下的饭菜都倒掉，冰箱也清空。晚上儿子饿了，过来说："我要吃饭。"妈妈平静地说："过时不候！"儿子打开冰箱，想取点能吃的，一看什么都没有，只好饿了一晚上，第二天，家里一开饭他就乖乖来吃了。

如果我们一味纵容他的不守时，那么他长大之后养成目无他人、目无法纪的坏毛病，就会直接影响他做人的信誉，影响他的工作与生活。好习惯是养出来的，坏习惯是惯出来的。习惯的力量是巨大的。人一旦养成一个习惯，就会不自觉地继续遵循这个方式生活。

19 世纪英国著名心理学家威廉·詹姆斯有一段名言："播下一个行为，你将收获一种习惯；播下一种习惯，你将收获一种性格；播下一种性格，你将收获命运。"

有目标才有动力

在美国，有一位著名的女游泳健将，她的名字叫弗罗伦丝·查德威克，她曾成功地横渡英吉利海峡。完成这一壮举之后，她又有了一个新的目标：那就是从加利福尼亚海岸以西 21 英里的卡塔林纳岛游向加州海岸。如果成功的话，她将是第一个游过这个海峡的女性。

为了完成这一目标，弗罗伦丝开始了极为艰苦的训练。杠铃可以使肩部肌肉更加强壮有力，她就规定自己每天必须举起一定数目。长跑对腿部肌肉有增强作用，无论刮风还是下雨，她每天都坚持跑步，从不间断。

各项准备都已做好，弗罗伦丝的体能状态很好，可以进行横渡海峡的游泳了。1952 年 7 月 4 日的早晨，整个加利福尼亚海滩笼罩在一片浓雾之中。尽管天气条件不是很好，弗罗伦丝还是按原定计划下了水，从卡塔林纳岛向加州海岸游去。

海水冰凉，冻得人全身发麻。弗罗伦丝有节奏地用胳膊划着水，她的双脚拍打得很有力。一种泳姿游累了，她就换一种。她觉得，自己经过这么长时间的大运动量的训练，一定可以完成目标。就在弗罗伦丝在海水里奋力拼搏的时候，成千上万的美国人通过电视转播关注着弗罗伦丝的横渡，人们都在暗中为她鼓劲："加油！你肯定行！"一个小时又一个小时过去了，弗罗伦丝全身麻木，在海水里机械地挥动着手臂。她的舌头因为海水长时间的浸泡，早已没有了感觉。15 个小时过去了，弗罗伦丝一边奋力地游着，一边向远处望去，可是，除了白茫茫的一片浓雾，她什么也看不到。

她有些失望，目标离自己太远了，自己也许还没有实力来完成这个艰巨的任务。这种想法一占据弗罗伦丝的大脑，她的斗志慢慢就被消磨没了，巨大的疲惫开始袭击她，手臂再也划不动了，双脚也无力打水了。如果这时不停止这次横渡的话，弗罗伦丝感觉自己可能会沉入水底，她赶忙示意一直跟随她的船，让船员把她拉上去。

船上的妈妈和教练见此情景，拼命给弗罗伦丝打气：

“亲爱的，你能行！再坚持一会儿，海岸已经没多远了。加油呀，宝贝儿！”弗罗伦丝摇摇头，费力地说：“我一点儿力气也没有了，我坚持不住了！”船员们把弗罗伦丝拉上了船，她一下瘫倒在甲板上，连站的力气都没有了。船向加州海岸的方向驰去，没用几分钟就到了岸边。弗罗伦丝这才知道，自己还差半英里就可以到达目的地了。弗罗伦丝内心的懊悔简直没法用语言来表述，其实，她完全还可以再坚持一会儿，疲劳和寒冷并不能消磨她的斗志，对目标的放弃才是最终摧毁她意志的元凶。

两个月以后，弗罗伦丝进行了第二次横渡，那是一个晴朗的日子，她可以清清楚楚地看到加州海岸。朝着目标，弗罗伦丝开始奋力划水，她觉得自己浑身充满了力量。最终，弗罗伦丝游过了卡塔林纳海峡，她是第一个游过这个海峡的女性，而且比男子的纪录还快了两个小时。

17.面对挫折
——坚韧

“人要学会走路,也得学会摔跤,而且只有经过摔跤,才能学会走路。”记住马克思说的这句话，用笑脸来迎接失败，用百倍的勇气来应对一切挫折吧!

良好的承受失败与战胜挫折的能力，受到挫折后的恢复能力和百折不挠、不向失败屈服的精神，是成功人士不可缺少的素质。

挫折是成长的阶梯，困境是人生的第一所大学。一个人的成长就是经历一连串的磨难和考验的过程，迎接考验，克服磨难，你就会拥有足够的力量和智慧。

我们要成为未来社会的强者，就应当在生活中磨炼自己坚忍不拔的意志，把挫折、不幸和困难当成自己人生中最好的教材。

面对挫折，你要把握机会，仔细品尝挫折带来的人生感悟，并且抬起头，一次又一次地对自己说:“我不是失败了，而是没有成功。我相信，我能行！”

困难和挫折是最好的学校

对成长中的孩子来说，困难和挫折是最好的大学。

居里夫人是我们全世界女性的骄傲。她那种在挫折和困难面前不屈不挠的精神着实令人折服。她曾经说过："我从来不曾有过幸运，将来也永远不指望幸运，我的最高原则是：不论对任何困难都决不屈服！"

困难和挫折，对于成长中的孩子来说，是一所最好的大学。无论什么人，只要他没有尝过饥与渴的滋味，他就永远也享受不到食物和水的甜美，不懂得生活到底是什么滋味；一个孩子，如果他没有经历过困难和挫折，就品味不到成功的喜悦，没有经历过苦难，就永远感受不到什么叫幸福。

良好的承受挫折的能力，受到挫折后的恢复能力和百折不挠、不向挫折屈服的精神，是成功人才不可缺少的素质。培养承受苦难和不屈服于挫折的能力，对今天的孩子尤为重要。

近年来，在培养跨世纪人才的话题中，挫折教育越来越引起人们的关注。让孩子在艰苦的环境中，一洗养尊处优的习气，磨砺坚强的意志，学会在"黑暗中看到光明"的自信和技能，培养他们的韧性、耐挫力和受挫后的恢复能力，从而使他们不仅学会从别人或外界的给予中得到幸福，而且能从内心深处激发一种自己寻找幸福的本能。这样，他们才能在任何困难和挫折面前泰然处之，保持乐观。这是人生的无价之宝。

我们做父母的，不愿让孩子去经历苦难，总是千方百计地为孩子设计充满笑脸和鲜花的明天。但是，生活是无情的，也许有千百种灾难在等待着一个年仅几岁或十几岁的孩子，畏惧这些灾难的人，永远不会有幸福。

奥斯特洛夫斯基曾经说过：“人的生命似洪水奔流，不遇上岛屿和暗礁，难以激起美丽的浪花。”一帆风顺长大的孩子，很难创造出生命的辉煌。

关于挫折教育，早在远古时代就已经开始了。在一些原始部族里，少年男子如果想拥有成年人的权利，被社会所接纳，必须要通过一次优胜劣汰的近乎残酷的考验。大人们把这些男孩放到一个没有人烟的、野兽经常出没的恶劣困境中，让他们品尝孤独和挫折的滋味，学会面对和战胜各种困难。只有经过千辛万苦奋力挣扎返回部族居住地的男孩，才能被证明已是个成年人，是个真正的男子汉，他才能享有成年人的一切权利。这种考验可视为人类早期挫折教育的雏形。当然，这种以生命为代价的挫折教育，不免有些惨无人道。

现代社会里，尤其是一些发达国家，由于物质生活条件优越，就更加重视对下一代进行挫折教育。

日本很早就开始对孩子进行挫折教育。一些平民学校的老师经常带领学生到户外上课，让学生们到大自然中寻求知识和体验生活。这种名为修学旅行的教学方式一直沿用至今，其中体验生活的内容与我们现在开展的挫折教育相仿。

近年来，日本比较流行的做法是，定期向学生供应清汤萝卜、粟粒煮成的“饥馑午餐”，目的是让他们了解父辈的艰苦生活。学校还规定了穿短裤、短裙的日子，这一天，哪怕气温再低，全校学生一律都要换短裤或裙子；在学校规定的穿长衣的日子，无论天气多热，学生们都必须换上长衣长裤……

在韩国，家长同样也很注重从小锻炼孩子的意志。他们给孩子穿上羽绒服，让他们在冰窟窿里待上一阵儿再出来，让孩子懂得寒冷的滋味。

可是，在我们国家，挫折教育做得却很不够。由于父母的娇宠，孩子的心理承受力相当脆弱，一点点小的挫折或失败就有可能酿成一

桩惨祸。

一个 9 岁的男孩，平时在家里很得宠，在学校是个中队长。有一天，他向哥哥要糖吃，哥哥说，糖是留给爸爸的，没有给他吃，这孩子一气之下竟然上吊自杀了。心理脆弱到了何等地步！

究其原因，是因为现在孩子们的生活太幸福了，许多家长唯恐自己的孩子再遭受艰难困苦，能够替孩子承受的，他们都承包了。幸好，并不是所有的孩子都有这样的幸福。一些生活在贫困环境中的孩子，由于生活的磨炼，比家庭条件优越的孩子更容易形成良好的品质。

黑龙江省有个男孩子叫纪洪波，他的爸爸只有一条腿，一只胳膊，妈妈没有双腿，只有一只胳膊、两个手指。从小，爸爸妈妈就没有抱过他，学走路时摔得鼻青脸肿。3 岁起，他就自己照看自己了；到了 5 岁时，他就能帮爸爸做饭了。

后来，爸爸死了。妈妈便不吃饭、不起床，她不想活下去了，因为她不想连累儿子。小洪波对妈妈说：“妈妈，你不能死！你死了，我就成了孤儿了。你好好地活着，我一定能养活你！”

从那以后，他每天早早起来给妈妈做饭、熬药，帮妈妈套上假肢后，自己再吃饭上学。一次，他病了，咬着牙挣扎着走下楼时，昏倒在地上，被过路的民警送进医院，他才知道自己患了十二指肠溃疡，面临着穿孔的危险。医生告诉他要住院治疗时，小洪波哭了：“我住了院，谁来照顾我妈呢？”

我想，像纪洪波这样经历过磨难和挫折的孩子，才会真正懂得生活的真谛，也才会更好地爱别人，爱我们的祖国。

承受挫折的良好心态，是在童年和青少年时受过挫折并不断地解决困难中磨炼出来的。这是一个人素质高低的重要标志。

卢梭曾经说过：“你知道用什么方法可以使你的孩子不幸吗？这个方法就是百依百顺。”

所以，爸爸妈妈对孩子的过分娇纵、百依百顺，只会产生强烈的负面效应；妈妈爸爸无微不至的关怀，只能是让你的孩子一次次地与能磨炼他成长的艰难困苦、失败挫折失之交臂，使得他们缺乏面对挫折并战胜挫折的勇气和经验，一旦遭受到挫折，便会无所适从，一蹶不振。

巴尔扎克说过：“苦难对于人生是一块垫脚石，对于能干的人是一笔财富，对于弱者是万丈深渊。”

一个人受不了委屈，经不起挫折，害怕困难，是不可能面对未来竞争激烈的大千世界的。哪位父母又能够保证，你的孩子一生不会受到挫折呢。

树下的母爱

乐乐四岁的时候，妈妈毅然决然地离开了整日花天酒地的父亲，带着他来到了乌镇定居。乌镇的东北角有一大片樱桃树，虽然树的北面有一家化工厂，但是因为乐乐很喜欢这些樱桃树，妈妈和他就在这里定居了下来。

每到黄昏时，乐乐都会在樱桃树下拉一段小提琴，妈妈坐在旁边倾听，母子俩觉得这种生活很快乐。

有一天晚上，化工厂突然发生了毒气泄漏，乐乐家因为离工厂太近，受到了污染。渐渐地，乐乐开始感到不舒服，慢慢发展到恶心、呕吐，听力下降。到了最后，乐乐只能勉强听到分贝很大的声音。

乐乐已经到了上学的年龄，按目前的情况，他不能去正常的学校读书。妈妈没有办法，带着乐乐到聋哑学校报了名，她认为，让乐乐正视现实比较好。

乐乐上学后，每天回到家，妈妈都会逼着乐乐用手语或唇语表达想法，因为随着听力的下降，乐乐的语言能力也会下降，如果不学会手语和唇语，他以后将无法与别人进行交流。

在妈妈的逼迫下，乐乐慢慢掌握了手语和唇语，性格又重新开朗起来。他重新开始在樱桃树下练习拉琴，妈妈每次认真倾听后，都会用手语告诉乐乐，他拉得越来越好，还会给乐乐一个热情的拥抱以示鼓励。

可是，一个听不到美妙旋律的人，怎么能拉琴呢？更谈不上有长进了。过了几天，沮丧的乐乐把小提琴丢在一边再也不碰了。

看到儿子对练琴没有了热情，妈妈很着急，用手语对乐乐说："你虽然听不到，但是可以用心去感受啊，音乐是存在于人的心里的！"妈妈的话给了乐乐信心和希望，他又拿起了琴，练习起来。为了提高乐乐的琴技，妈妈还把乐乐拉的曲子录下来，进城去向请教，并请专家把意见写在纸上，带回去给乐乐看。

几年过去了，在北京的一次少年乐器演奏大赛上，乐乐以精湛的技艺和充满激情的表演获得了冠军。人们都不敢相信，一个几乎失聪的人竟然能取得如此骄人的成绩。

在好心人的帮助下，乐乐又进医院做了检查。医生说，他的听觉神经并没有完全萎缩。乐乐做了手术，戴上了人造耳蜗后，听力相当于正常人了。

有正常听力那天，乐乐高兴得跳了起来，用手语告诉妈妈："我要开始学习用嘴说话了，你不必用手语或唇语和我交流了。"妈妈只是笑着看着他。乐乐兴奋地拿起小提琴，结结巴巴地问："妈妈，你最……喜欢哪首曲……子，我拉给你……听！"很奇怪的是，妈妈没有一点儿反应，还是笑着看着他。乐乐不知道怎么回事，又结巴着问："妈妈，你为……什么不说话？"医生走过来，拍了一下乐乐的肩膀，说："孩子，你的妈妈和你一样早已丧失了听力，她的听觉神经已经萎缩了，以后也不可能听到。孩子，你比你妈妈幸运！"乐乐明白了，母亲和他一样承受着失聪的痛苦，为了给乐乐信心，母亲一直瞒着他，在私下里偷偷学手语和唇语。因为长时间不说话，母亲已经不会说话了。

乐乐和妈妈又回到了小镇。此后，在樱桃树下，人们经常看到一个少年在认真投入地拉琴，他是拉给妈妈听的。虽然妈妈听不到，但是乐乐知道，妈妈可以用心感受到，因为妈妈就是这样告诉他的！

18.面对批评
——自爱

每一个人都要珍惜、热爱自己的生命，因为每一个生命都那么美好，来之不易。

你能来到这个世界上，已经是很不容易了，你没有任何理由不珍惜自己的生命，更没有任何理由残害自己的生命。因为，你的生命是爸爸妈妈给予你最珍贵的礼物；你的生命里，寄托着爸爸妈妈很多的爱和希望。

面对世界上的一切，只有失去了，我们才会珍惜。生命也是如此，只有紧紧抓住它，才不会让它轻易离你而去。

当一个人真正明白了自己生命的价值，他绝不会轻言放弃。无论他多么痛苦，多么无奈，他都会面对世界说:“我能行！”珍爱生命，快乐地活着吧！

让孩子学会善待自己

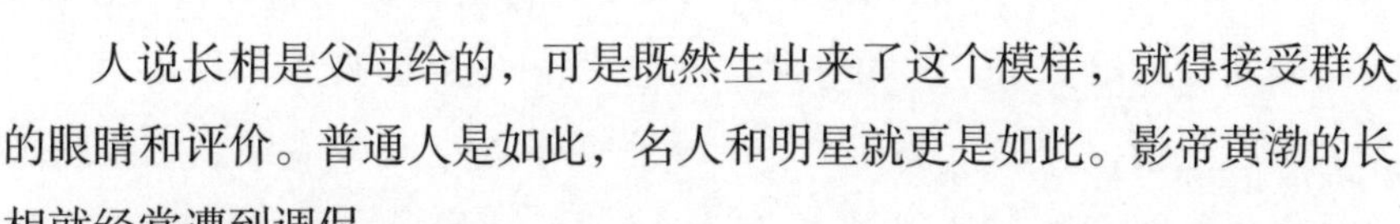

人说长相是父母给的，可是既然生出来了这个模样，就得接受群众的眼睛和评价。普通人是如此，名人和明星就更是如此。影帝黄渤的长相就经常遭到调侃。

黄渤出席某颁奖典礼时，颁奖人："马云说过一句名言，我以为是说给他自己的，我发现那句名言同样适合于黄渤，你知道那句名言是什么吗？"

黄渤："我还真不知道。"

颁奖人："马云说，男人的长相和他的才华往往成反比的，我不知道黄渤你怎么看这句话？"

黄渤："我相信这句话也一直激励着您。"

一次，在谈到观众给他取的"国民坏叔叔"的外号时，黄渤自嘲道："原来我不是代表阳光帅气啊？"黄渤说，自己从未对自己的长相感到困惑，"有很多角色，找了陈坤之后可能会去找黄晓明，但是找了我的，绝对不会去找他们。我要感谢爹妈给了我存活在这个世界上、有别于其他人的勇气。"

这是一个看脸的时代，越是这样的环境，越要保持自己良好的心态，黄渤做到了。身为家长的我们，该如何保持良好的生活态度？又该如何培养孩子的乐观心态呢？

学会善待自己，保持好心态，就会感觉到人活在世上多美好。美国哲学家爱默生曾经说过一句话："人生最好的礼物，就是你自己的一部分，就好像诗之于诗人，羊群之于羊童，亲手绣的罗帕之于女孩。”人生中许多美好的东西，不是靠别人给予，而是靠自己去发现去创造。

如果想让你的孩子拥有快乐的人生，你自己首先要拥有快乐的人生。用乐观代替悲观，善待请从自己开始。让孩子从你的感受中看到：人活在世上多么美好！

学会喜欢自己，一个人美不美，不在长相而在于心态。“人必其自爱，然后人爱之；人必其自敬，然后人敬之。”西汉扬雄的话，今天读起来仍很有道理。如果一个人不自爱，又怎么承受得起别人的爱呢？所以“欲信人必先自信，欲知人必先自知，欲爱子必先爱己”。

做父母的给孩子上的第一课，便应该是“喜欢自己”。我认识一位女教师，热情，开朗，富有才华，可是40多岁了还没有结婚。我问她为什么，她回答说：“我很丑。”我大吃一惊。眼前的她，五官端正，眼睛大而有神，气质高雅，只是嘴巴略大了些，但是整体看上去挺不错的，怎么会认为自己长得丑呢?

她指着窗台上的一张照片，问我：“你看这个人漂亮吗？”照片上是一位女士，眉目清秀，脸上还带着一点儿腼腆。“那是我妈。我妈年轻时是出名的美人，可我却是‘丑小鸭’。从小我就很自卑，觉得自己丑，嫁不出去。”说完，她自嘲地笑了。

长相可以给人带来自信，也可以带来自卑；可以给人带来快乐，也可以带来烦恼。作为孩子的父母，要喜欢自己的孩子，无论他的长相如何，你都要告诉他：你有你的优势，不必去羡慕别人。

处在青春期的女孩，往往对自己的长相相当在意。有个上中专的女生来信说：“打我学会照镜子的那天起，我就埋怨爸妈为什么把我生得这么丑，黄黄的头发，大大的鼻头和一个厚嘴唇。从我发现自己丑以后，就不爱照镜子了。我是上中专以后才开始注意长相的，是因为受了同学的影响。她们时常在一起讨论哪个女生长得好看，然后就埋怨父母为什么不把自己生得漂亮点儿。起初我想得挺开的：我们是来学习的，不是来比长相的。但慢慢地我也学着她们使劲往脸上抹化妆品。连我都不知道为什么，学习成绩开始一个劲儿下滑。当我第一次捧着40多分的数学试卷时，我哭了。我痛下决心，把我的镜子给砸了，发誓要好好学习……”

我回信告诉这个姑娘，应该砸的不是那面镜子，而是自卑的心镜。如果你能用自信的心镜照自己，怎么照都会觉得自己怎么美。你看，那些很受人喜爱的歌星、演员，也不全是长着大大的眼睛，也不全是那么漂亮呀！有不少人可以说是其貌不扬，可是他们的表演却有那么多的观众喜欢！

有一次，我到云南昆明去采访。一位年轻的女辅导员来找我。她给我的第一印象是：个子很高，瘦瘦的，大嘴巴。她给我讲了好多和学生们在一起的快乐：“每次过队日，同学们都要给我梳许多小辫子，头上挂许多美丽的小花。孩子们管我叫‘花仙子’……我四岁的儿子很喜欢我，老是自豪地跟别人说他妈妈很漂亮。他还对他爸爸说：‘妈妈每天要化妆，早晨你得多干活儿！’”说完，她爽朗地笑了，那笑声像银铃，清脆动人。当我再次打量她时，发现她的大嘴真的挺美，因为她的嘴角泛着笑容，脸上写满了自信与快乐。

一个人美不美，不在于长相，而在于心态。心态好的人，自己活得潇洒，孩子也会喜欢他；而那些把所有烦恼都写在脸上的父母，哪个孩子也不愿意接近。

“花苞”枯萎了

“妈妈，我的发卡在哪儿？”佳丽问。“在书桌右边的第一个抽屉里。”妈妈答。“我的腰带呢？”佳丽又问。“在床旁边的椅子上。”妈妈又答。此时，妈妈正在厨房里做早餐，佳丽在准备上学的东西。

可是，佳丽总有些东西找不着。都怪妈妈，总是乱收拾，结果害得自己什么都找不到。佳丽越想越生气，眼见着上学的时间就到了，可铅笔盒又不知道跑到哪里去了。

“妈，我的铅笔盒你给我放哪里了？”因为生气，佳丽的音调明显提高了，还带着责怪的意味。

妈妈当然听得出来，赶紧擦擦手跑过来，帮着佳丽一起找，结果在佳丽的书包底下找到了铅笔盒。妈妈一下子就来气了：“就在这里，你为什么不好好找？自己的东西总是乱放，还总说我给你收拾乱了。你这孩子，真没规矩！”“就是你总给我瞎收拾，我才找不到的，你还赖我？”佳丽不服气地顶嘴。

看着佳丽不服气的样子，想想这一早上被佳丽搞得不胜其烦，妈妈更气了，扬手在佳丽的背上打了一巴掌，大声训斥说：“还赖我？你这孩子这么大了，不收拾自己的东西，屋子乱得跟个猪窝似的，就应该让你找不着东西！”看着妈妈暴怒的脸，佳丽一下子不敢出声了。从小到大，妈妈从来没打过自己，这是怎么了？佳丽撇撇嘴，眼泪无声地流了下来，连早饭都没吃，就上学去了。

一整天，佳丽上课也没有心思听讲，总是蔫蔫的。她忽然觉得，妈妈一点儿都不爱自己。没人爱的孩子多可怜啊！

就这样，在学校里胡思乱想了一天，放学后，佳丽魂不守舍地回到家里。这个时间，爸爸妈妈还没有下班。躺在床上，佳丽一边哭，一边想：既然妈妈都不爱自己了，自己活着还有什么意思？倒不如死了算了！越是这样想，佳丽越觉得活着没意思，她不由自主地来到了厕所。看着排列整齐的毛巾，佳丽慢慢地抽出一条，拴在排水管上，然后把脖子塞了进去……

虽然妈妈回来及时地把佳丽救下来送到了医院，可因为窒息时间过长，佳丽成了植物人，永远地躺在床上，只能靠着呼吸机维持生命。

老师和同学们都很替佳丽惋惜，一个漂亮优秀的女孩子，只因为一点儿小事，就选择放弃自己珍贵的生命，在还是花苞的时候，还没有享受花开的灿烂，就早早地枯萎了。这是多么可惜又遗憾的事情啊！

19.面对单亲
——理解

父母离婚和家庭的变故，对一些孩子来说，是必须面对的现实。既然已经发生，就积极面对吧！任何的经历都是人生的财富，关键要有积极的心态。

不仅世上万物相互依赖，在家庭生活中，父母与孩子也是相互依赖、相互依存的，就像“人”字。你给别人一个烦恼，别人也会还你一个烦恼。相反，你送别人一个快乐，别人也会赠你一个快乐。你送给父母一个快乐，父母也会赠给你一个快乐。

面对单亲，你不要过分伤感，你要坚强，更要快乐。因为你快乐了，你才能把快乐的礼物送给你的亲人，你的亲人快乐了，才会回赠给你无尽的快乐。

离婚后的父母如何面对孩子

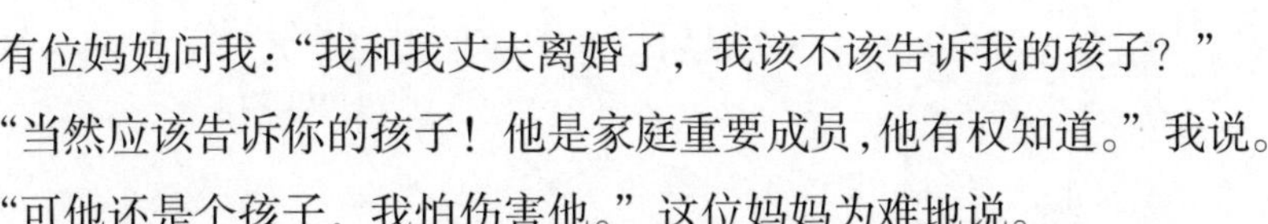

有位妈妈问我：“我和我丈夫离婚了，我该不该告诉我的孩子？”

“当然应该告诉你的孩子！他是家庭重要成员,他有权知道。”我说。

“可他还是个孩子，我怕伤害他。”这位妈妈为难地说。

“正因为他是个孩子，他最需要的是信任。你隐瞒了，他早晚都会知道。当他从别人嘴里知道自己的父母已经离婚了，父亲不是出国了，而是和妈妈分手了，他的感受会是：妈妈欺骗了我，妈妈不信任我。这时你才真正伤害了他，他的反应将是强烈的，他甚至会恨你。”

“如果你平静地告诉他，爸爸妈妈感情不好，在一起生活都很痛苦，所以分手了，法律上讲叫离婚。你虽然判给了妈妈，但爸爸还是你的爸爸，他每月会给你抚养费，你放假还可以去爸爸家玩儿，这样你就有了两个家。”

“孩子明白了真相，心情就会放松。平时住在妈妈家，周六日住在爸爸家，觉得很好玩，并没有受到伤害。”

这位女士连称“是”。

最后我嘱咐她：“不要在孩子面前说他爸爸半句坏话。记住：播种仇恨的人收获的将是仇恨。”

奥巴马小时候，父母就离异了。他的父亲是个酒鬼，可他的母亲一直在维护爸爸的形象，告诉奥巴马，他的爸爸是个了不起的黑人英雄。在奥巴马心中，他十分崇拜他的父亲，觉得爸爸是个英雄。正是这“英雄”的种子，培育出了当代美利坚的黑人总统。

在今天现实社会中，离异的家庭越来越多。我去过一些学校，父母离异的孩子已占 30%。这样的事实，我们的孩子必须面对，不可回避。如果拥有了积极的心态，这也没什么大不了的。

有一次，我去一所中学，给初二的学生讲座。我对他们说：人生不会是平静的、一帆风顺的，一定会遇到风浪，遇到变故，甚至是不幸。我们一定要积极面对。痛苦是人生的一部分，这是无法改变的事实，不可避免的，只有去接受它，才不会给你带来伤害。光是忧虑是于事无补的，所以绝对不要陷入烦恼。

人的内心有两个世界，一个是“太好了”，一个是“太糟了”，跟着“太好了”走，你将走进一个光明的世界；如果跟着“太糟了”走，你将走进一个痛苦的深渊。

我给他们讲了一个故事：

有一个叫西鲁曼的女人，去沙漠找丈夫。她的丈夫受命前往沙漠附近的军事基地。当她的丈夫到沙漠去演习的时候，她就一个人留在小木屋里。那里非常热，虽然有仙人掌遮暑，气温仍在 50℃上下，而且连一个说话的人都没有，情景近乎凄惨。

在无法忍受之下，她写了封信给父母，说明自己想回去的心意。父亲给她回了信，但只有两行字，这两行字使她改变了自己的人生态度：

> 两名囚犯由铁窗往外眺望时，
> 一个看到的是地上的烂泥，一个看到的是天上的星星。

西鲁曼说：“我反复地读着这句话，觉得很过意不去，于是决心要为自己找出好办法，让自己也能眺望星空。首先我和该地的土著人成为好朋友，当我对他们付出关心时，他们把编织品及陶器赠给我当礼物，并且教导我认识仙人掌及丝兰等植物的特征。甚至据说，这儿还可以找出好几百万年前的贝壳。”

到底是什么力量使西鲁曼改变了呢？

这里的沙漠没有变，印第安人的个性也没有变，变的是西鲁曼的心态。她把凄惨的人生体验当作一种惊奇的冒险，通过新世界的刺激，她的人生态度变得认真起来。后来,她把自身的体验写成小说,书名是《快乐的城堡》，内容是叙述她找星空的经过。

讲完这个故事，我对同学们说:“改变心情就改变了世界。无论发生任何不幸，你都要积极面对，把它当作一次人生的挑战。每当忧虑来临时，你大声地喊一声‘太好了’，承担着它，这样，你将学会如何与忧虑共处，而不会再去忧虑你所不能改变的事实。”

散会后,我找了十几名初中同学谈心。话题主要围绕人如何拥有“太好了”的心态。

有个文静的女生一直没发言。最后她一鸣惊人。

她说:“我的父母离婚了，我要说声‘太好了’。”

同学们都用惊奇的眼光看她。

“说说理由。”我平静地说，用温和的眼光看着她。

“我的父母感情不和，已经冷战好几年了。虽然他们很少在我面前吵架，可他们双方都很痛苦，我看得出来。最近，他们终于离婚了。我觉得‘太好了’,他们双方都解脱了。我对他们说,只要你们觉得幸福了,我就幸福了。现在我反而觉得轻松了。”

同学们为她的真诚鼓掌。我把她紧紧搂在怀里。“你是幸福的天使,你真棒！”我轻轻对着她的耳朵说。

父母离婚和家庭的变故，对一些孩子来说，是必须面对的现实。既然已经发生，就积极面对吧！任何的经历都是人生的财富，关键要有积极的心态。

父母离婚对于孩子来说，是一种生活与情感的考验。但如果父母可以齐心协力处理好，就可以避免孩子受到更多的伤害。

首先，你和孩子的父亲要认识到离婚是你们两个人之间的事，孩子仍然是你们共同的孩子，你们需要一起承担作为父母的责任。在情感沟通方面，父亲可能会比较粗糙，就需要你多跟孩子沟通。当然，沟通不只是单纯地安慰，跟孩子们讲一讲自己生活中遇到的事，听听她们在学校里的故事，这样有来有往，彼此了解对方的生活状况，就是一种很好的沟通。要让孩子感觉到，虽然爸妈离婚了，但仍然爱着自己，不会忽略自己。

其次，要努力让孩子们的生活正常化。不要过于溺爱她们，哄着她们，要用正常方式的交流，让孩子感觉到自己和其他伙伴是一样的，爸妈离婚只是对自己的生活做出选择，但不管怎样，对于她们的关注和爱是不会改变的。

没什么大不了的

读大一的明毅这几天很郁闷，因为爸爸和妈妈离婚了。虽然明毅知道他们在一起时感情并不好，由小吵小闹发展到大打出手，直至升级到冷战，可能分开对他们两个都是解脱。但一想到自己没有完整的家了，明毅的心里就堵得慌。

在学校里，明毅对什么都提不起兴趣，学习成绩开始急剧下降，同学之间有点儿小矛盾，明毅就会大发脾气，甚至会拳脚相向。渐渐地，同学们被他越来越糟的脾气磨掉了耐心，开始疏远他了。

明毅觉得很孤独，晚饭后，就常到操场上去遛弯儿，一圈，又一圈。不知什么时候，明毅的身边突然多了一个人，那个人原来在班里很不起眼，他叫原成。于是，大家经常见到原成和明毅在操场上一边并肩走着，一边说着话。又过了一段时间，大家发现，明毅又像原来一样开朗、活泼了，而且学习成绩提高得很快。

在一次同学聚会上，大家对明毅的变化都很感兴趣，纷纷问原成使了什么妙招让明毅改变了这么多。

原成笑着说："也没什么，我就是把我的事情对他说了。""你有什么事情呀？"大家很好奇地问。

"其实，我的父母早在我上高一时就离婚了。""你平时总是乐呵呵的，与同学相处时也很豁达，不像有些单亲家庭的孩子那样敏感呀，真没看出来。"大家更好奇了。因为大家在一起相处了这么长时间，谁都不知道原成的父母也离婚了。

原成看着大家惊奇的神色，解释说："我父母刚离婚时，我也很痛苦。可光痛苦有什么用呢？日子还是要过的，悲伤、痛苦也

是过，乐观、高兴也是过，再说，有什么大不了的！父母分开了，证明他们在一起不幸福。如果分开以后，他们都过得很好，我又有什么好伤心的呢？所以我调整了心态，努力学习，才考上了这所不错的大学。回首那段日子，我发现自己独立了，也变得坚强了。其实，我们完全没有必要因为家庭发生变故而消沉，我还是我，一样还有爸爸和妈妈，他们像以前一样爱着我。你们说是不是？”“对！原成就是这样跟我说的，”明毅接过话茬儿说，“一开始，我觉得生活对我很不公平，别人的父母都好好的，干吗我的父母要离婚呀？我开始抱怨，变得消沉。但是，生活不会因为我的消沉和不满而有好的改变，反而变得更加糟糕。有什么大不了的，事情过去就算了，干吗念念不忘的。所以，听了原成的话，我开始改变自己。这时我发现，只要我们积极面对，一切都会不一样，生活的天地一下子开阔了许多，我的心态也变得乐观、开朗了。”“可不是吗？人这一辈子不可能不遇到困难和挫折，重要的是不要被挫折和困难打倒。只有经历过挫折的人，才会变得更加成熟呀。要是这么想的话，我们还要感谢挫折呢！”原成补充说。

“对，没什么大不了的！我们能行！”同学们一起说道。

20.面对选择
——舍得

在漫长的人生道路上，人们会站在许多十字路口，随时都要面临选择。选择得正确，就会抓住机会，走向成功；稍一犹豫，机会就会与你擦肩而过。

在人生的路上，放弃什么，选择什么，是一门艺术。有时，放弃就是获得。

人们常说“舍得”，舍得、舍得，有舍才有得。人要学会“舍得”，不能企盼“全得”。拥有的时候，我们也许正在失去，而放弃的时候，我们或许会重新获得。

明白的人懂得放弃，真情的人懂得牺牲，幸福的人懂得超越。

安于一份放弃，固守一份超脱，这就是人生。

大聪明之人得大失小，小聪明之人得小失大。把芝麻看成西瓜的人，永远也得不到西瓜。

人生是长跑，不必在乎一时的输赢与得失，应该看准前面的目标，认真走好脚下每一步，就一定能成功。

想要孩子更优秀，要先学会“舍得”

近日，一家报纸刊出一条消息：《家长望子成龙，学生考证成风》，讲的是南京五年级一名小学生怀揣各种证书44份。据他的父亲介绍，孩子从3岁第一次登台演出以来，参加的各式各样的演出和比赛不下百次。当记者问他“有没有考虑到孩子的承受能力”时，他苦涩地笑了笑说：“我们不想失去任何一个孩子可以得到锻炼的机会，因为每一份证书的取得对孩子都会有所帮助，相信孩子会明白我们的苦衷。”

另一位五年级的小学女生有27份证书。不少被迫忙于考证的小学生说，他们放学后都来不及回家，就要赶去另一个地方，双休日也不能休息，晚上常常只能睡两三个小时。“长这么大，我还从来没到公园玩过。”一位小学生这样说。

看了这则消息，我真心疼这些从小疲于奔命的孩子，又同情那些为孩子的前途殚精竭力的父母。

美国作家梭罗说得形象：“我们的生命都在芝麻绿豆般的小事中虚度，毫无算计，也没有值得努力的目标，一生就这样匆匆过去，因此国家也受到损害。”

法国一家报纸进行智力竞赛时有这样一个题目：如果卢浮宫失火，当时情况只可能救一幅画，那么你救哪一幅？

多数人都说要救达·芬奇的传世之作《蒙娜丽莎》。结果呢？在成千上万的回答中，法国电影史上占有重要地位的著名作家贝尔特以最佳答案赢得金奖。

他的回答是:“我救离出口最近的那幅画。”

这个故事说明一个深刻的道理，成功的最佳目标不是最有价值的那个，而是最有可能实现的那个。

在人生的路上，放弃什么，选择什么，是一门艺术。有时，放弃就是获得。

人们常说“舍得”，舍得、舍得，有舍才有得。培育孩子也是同样的道理，什么都想学，往往什么都学不精;什么都想得到，往往得不偿失。

你到底要什么？这是所有的父母和孩子都必须认真思考的问题。

北京一所重点中学的教导主任孙先生，就经历了这样一场痛苦的抉择。

孙先生的女儿曾在他任教的中学读初中快班。女儿学习基础较差，成绩一直上不去。为此孙先生压力很大，认为自己很没面子，便一再给女儿施压。女儿学习情绪越来越低落，几度产生转学的念头。中考时，她坚决要报考中专，父女俩为这件事产生了激烈的冲突。

是尊重女儿的选择,还是坚持自己的想法？在这场痛苦的抉择面前，父亲最终选择了前者。女儿进入了她理想的中专。

情况发生了意想不到的变化。女儿上中专后，学习情绪高涨，在班级里名列前茅，入了团，还当了班长。女儿的变化，让父亲吃惊。他本以为女儿在自己身边，近水楼台，能够得到更多的关照，谁想身边有一个当主任的爸爸，对于成绩不佳却上快班的女儿来说，不但没有成为资本，反而成了压力与负担。离开父亲这棵大树，她反而找到了感觉，找到了目标。

我把父女俩请到中国教育电视台“知心家庭”栏目，请女儿谈谈她的感受。

“我和爸爸在一个学校时,我的心里一直很压抑。别人的孩子没考好，老师和同学觉得很正常，我要是没考好，老师和同学都会用异样的眼光看我，好像在说：主任的孩子还考不好？别的同学去补课，老师说他爱学习；我去补课，同学们会说是老师偏向主任的孩子。我很委屈，好像天天生活在爸爸的阴影中。我下决心离开他。中考时,我故意报了中专，避开高中，这样省得父母劝我考本校。我知道爸爸心里不同意，可他还是支持了我。他是顶了很大的心理压力，站出来支持我，我心里很感动，决心给爸爸一个惊喜。来到中专，我好像一下子解放了。我觉得我和别的同学一样生活在阳光下。我没有了压力，因为谁也不认识我，不知道我是主任的孩子。我放松极了，一心想好好学，我再也不说我不行了。说来也怪，我的成绩很快上去了，而且入了团，当了班长，我更来劲儿了，干什么都不甘落后，我爸说我进步的速度想压都压不住了。我说这是：天生我材必有用。现在我已经考上了大学。”

这位明智的父亲告诉我们一个人生道理：人要学会“舍得”，不能企盼“全得”。拥有的时候，我们也许正在失去，而放弃的时候，我们或许重新获得。明白的人懂得放弃，真情的人懂得牺牲，幸福的人懂得超越！安于一份放弃，固守一份超脱，这就是人生。

梦想更值钱

说到“老虎”伍兹，大家可能都知道，自1996年出道至今，他总共获得了40个以上的冠军，而且多次成为年收入最高的体育明星。

伍兹成功了，他的成功事迹也被人津津乐道。任何一个人的成功，除了天分以外，都是靠汗水和坚持换来的。伍兹也不例外，正是对梦想持之以恒的追求让他走到了今天。

伍兹小的时候，家里很贫穷，一家人栖身在贫民区的一所破房子里。在7个兄弟姊妹中，伍兹最为瘦弱，感冒发烧是常事。伍兹又因为天资一般，学习成绩也是最差的。有一次，伍兹在电视上看到著名的高尔夫球运动员尼克劳斯，他那颗纤细的心一下子被打动了，他想要像尼克劳斯一样，成为一位伟大的高尔夫球手。他带着满心的喜悦找到父亲，激动地说：“爸爸，你能给我买一根高尔夫球杆吗？”“什么？高尔夫球杆！那可是富人家的孩子才能享受的玩意儿，你就不要做梦了！”爸爸无奈地说。伍兹哪里肯依，跑去向妈妈诉苦。妈妈抱着伍兹来到爸爸跟前，说：“我相信孩子，他只要坚持，一定能成功的，我们不能扼杀孩子的梦想。”又转头笑着对伍兹说：“宝贝儿，你一定要好好加油。等你成为职业球手后，妈妈还等着你买别墅呢！”伍兹点点头，心里暗下了决心。

爸爸给伍兹做了一根球杆，在门口的空地上挖了几个洞，伍兹开始练球了。

升入中学后，伍兹遇到了体育老师里奇·费尔曼——这个改变了伍兹一生的老师。发现伍兹的天赋后，里奇·费尔曼建议伍兹到高尔夫俱乐部去练球，还帮他支付了三分之一的费用。伍兹很珍惜这个机会，仅用了三个月时间，就夺得了奥兰多市少年高尔夫球赛的冠军。

高中毕业后，伍兹幸运地进入斯坦福大学就读。暑假时，一个要好的同学看伍兹家很穷，就对伍兹说："我哥哥工作的旅游公司正在招服务生，每周 500 美元，你要不要去试试？"伍兹很动心，因为 500 美元对一个贫穷的家庭来说，可不是小数目，对于像伍兹这样一个在读的大学生来说，这样的机会真是难得。伍兹也想挣钱养家，就去应聘了。

没过几天，里奇·费尔曼来找伍兹，兴冲冲地告诉他已经为他找好了一家俱乐部，马上就可以去报到。伍兹愣了一下，随即低着头不好意思地说："谢谢！可是……我打算去工作赚钱了。"里奇·费尔曼看着伍兹，半天没有说话，许久才问："孩子，还记得你的梦想吗？对于现在的你，是赚钱重要还是实现梦想重要呢？"听了老师的话，伍兹的脸一下子红了，嗫嚅着说："我的梦想是成为像尼克劳斯一样优秀的球手，挣钱给妈妈买别墅。""500 美元是很多，可是，只因为区区 500 美元，你就要放弃自己的梦想吗？这样看来，你的梦想也太不值钱了！"里奇·费尔曼说完，愤愤地走了。

伍兹仔细回味着里奇·费尔曼的话，越想越觉得惭愧。为了 500 美元牺牲梦想，这太不值得了。

于是，在那个假期里，伍兹积极主动地投入训练中，刻苦练球。在当年的全美业余高尔夫球大奖赛上，伍兹成为该项赛事最年轻的冠军。

当然，伍兹实现了自己的承诺，为妈妈买了别墅，而且是六座，分别在不同的地方。

21.面对虚荣
——自省

面对虚荣，好好想一想，人和人到底应该比什么？

“不比穿戴比学习，不比文具比志气，不比吃喝比成绩，不比家庭比能力。”这是沈阳市下岗职工子女的铮铮誓言，相信对你对我都是一种鼓励。

人品比物品重要。用名牌装饰自己，不如用知识来充实自己，用智慧来丰富自己。

身内比身外重要。拥有美好的心灵，才能看到美好的世界。

创造比享受重要。享受自己用劳动创造的价值，要比享受父母或别人的劳动成果快乐得多、幸福得多。

幸福的人，常常为得到的而欣慰，不为失去的而遗憾。

教会孩子打理财富

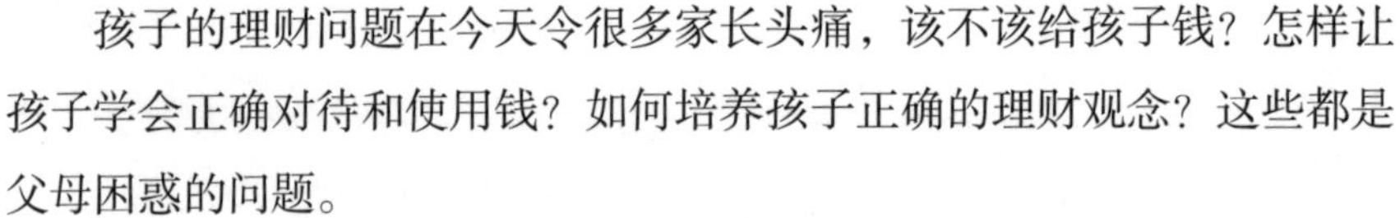

孩子的理财问题在今天令很多家长头痛，该不该给孩子钱？怎样让孩子学会正确对待和使用钱？如何培养孩子正确的理财观念？这些都是父母困惑的问题。

今天孩子手中的钱多得让人吃惊。据一项调查表明，北京一所中学平均每个学生一年花销在 2 万到 3 万之间！山东青岛一个小学生丢了个书包，价值 6000 多元。老师一问才知道，其中装了 2500 多元的零花钱和一部价值4000元的手机。江苏无锡一所中学初一八个班的391 名学生，2003 年春节收到的压岁钱共计 737008 元，人均多达 1885 元!

这些钱，给未成年的孩子带来了什么呢？有的孩子开始互相攀比，有的孩子在同学面前摆阔，还有的孩子做起了“发财梦”。受社会上一些成年人错误价值观的扭曲，拜金主义在滋长，给未成年人的成长带来了不可忽视的负面影响。

一个 11 岁的小寿星过生日，当他吹完蜡烛后，小孩的家人问他许的什么愿，他毫无避讳地说:“我许的愿是买彩票中 500 万大奖，然后环游全世界，最后再用剩下的钱买个官做做……”他的回答令全场的大人大为吃惊。

《知心姐姐》杂志曾在全国 13 个省、市、自治区进行了一次关于零花钱的调查。在参加调查的 230 个学生中，近半数的孩子认为，他们周围存在着攀比摆阔的现象，他们用生动的语言描述了这些同学摆阔的言行。比如，有的同学把自己的钱拿出来让我帮他数，一起外出时他们总是说“我又是今天带钱最多的人”；有些同学不小心碰脏了他的衣服，他就会嚷嚷“我这衣服值 ××× 钱呢，碰脏了你赔得起吗”；他们总是在同学面前摆弄自己新买的东西，就算自己家里并不那么富有，也要逼着父母买贵重的东西……他们花钱大手大脚，从来不计算自己花钱的数目，无论什么事都想用钱解决。

面对孩子中出现的这些问题，有的家长却认为“家里都是一个孩子，谁不希望自己的孩子过得好一点，多给一点零花钱很正常”。这些父母，只知道给孩子钱，而不知引导他们的金钱观，难免使孩子产生摆阔、攀比的心理，结果是孩子不仅不珍惜父母的血汗，还会被同学们轻视和排斥。

面对金钱的诱惑，有关专家认为应加强对中国青少年理财教育。其中包括：（1）理财价值观的教育，涉及对金钱、人生意义的正确理解和价值认同；（2）理财基本知识的传授，包括经济金融常识及个人家庭理财技能和方式；（3）理财基本技能的培养，包括理财情景教育、实际操作训练。

作为父母，我认为要树立三个理财新观念：

1. 给孩子钱，先教孩子如何使用钱。教孩子使用零花钱是让孩子学会如何预算、节约储蓄、保险，如何自己做出消费计划，零花钱的多少是根据孩子一周的消费预算确定的。有的父母采用激励手段，凡是花得合理、懂得节约，父母可以给予适当的奖励；如果花亏了或使用不恰当，父母可以减少零花钱的数量，这样有利孩子精心用钱。

2. 为孩子攒钱，不如让孩子学会挣钱。一个在美国读书的中国女孩对我讲，她突出的感觉是，美国孩子想办法找项目赚钱，而中国孩子是想办法找理由要钱。在美国中学校园里，如果用父母的钱买高档服装，会被人瞧不起，认为他没有本事，而他们几乎每个人都有自己的存折，节假日自己去打工挣钱。她建议，中国家长不要随意给孩子钱。

这个女孩的建议是对的。对金钱的态度，实际上是对人生的态度。从小让孩子懂得靠诚实的劳动挣钱，将来才可能成为一个劳动者；如果从小伸手向父母要钱，自己花得心安理得，将来就可能是个寄生虫。

3. 管好你的钱包，不要随便给孩子钱。洛克菲勒是美国的富翁，一次儿子向他借 1000 美元，他给儿子写了一封信忠告："管好你的私人钱包。"他在信中还说："有一点你要记住，财富并不是指人能赚多少钱，而是你赚的钱能够让你过得更好。如果你要拥有财富，第一件事得先学会如何依自己的意愿去生活，也就是如何控制你的开销。赚 500 块，花 400 块，会带给你满足；如果赚 500 块，却花了 600 块，那生活就悲惨了。当你的开销大于收入的时候，就表示你将会有麻烦了。"

信中还说："作为你的父亲，我没有权利干涉你收入的用途，我也从没想过这样做。现在你希望向我借钱，我认为需要一定程度的保证。1000 美元按每年 20% 的利息借给你，按每周 10 美元预先从工资收入中扣下还给我，我已经将这点意思明确写了下来。你或许会说我过于严厉，但是今后当你为付清'预想不到的花费'时，这样的条件恐怕还不够！"

洛克菲勒忠告儿子："财富指的是你生活品质的程度，而非你赚钱的多寡。要体会富有的滋味，并不需要靠着上亿的财产，而是去过你真正想过的生活。"

这封信发人深省，对我们这些尚不富裕的家庭来说更值得借鉴。

乱炖也是美味

麦克一家是从偏远的乡村来到城市的移民，全家只有麦克的爸爸有一份薪水不多的工作，维持一家人的生活。麦克家每天的饭菜可想而知，肯定是简单到不能再简单了。在学校里，麦克认识了一个叫斯坦丁的男孩，他每天穿着干净得体的衣服，对人总是彬彬有礼。麦克很快和斯坦丁成了好朋友。有一个周五，斯坦丁对麦克说："嘿，朋友，我们认识了这么久，还没请你到我家做客呢！要是你明天有时间，欢迎你去我家做客。"说完把写有自己家地址的纸条递给麦克。

"好的，明天我一定到！"麦克很高兴。毕竟是自己到这个城市以来第一次受到朋友的邀请，麦克还是有些小激动的。

麦克如约来到了斯坦丁家，他简直惊呆了：斯坦丁家住着漂亮舒适的别墅，斯坦丁的爸爸是个有名的医生，很有修养，斯坦丁的妈妈美丽优雅，他们在宽大的餐桌上吃饭，餐桌上铺着雪白的桌布，用精致的刀叉吃着牛排，那感觉简直太美妙了。麦克觉得自己好像在梦中的天堂一样。

朋友之间当然要礼尚往来了，麦克当然很想请斯坦丁也来自己家做客。可是，麦克家住在一个偏僻的小巷子里，房子低矮破旧。最关键的是，因为爸爸的收入少，妈妈经常从菜市场买来各种不太新鲜的蔬菜，放在一起用肉汤炖一锅菜，黑乎乎的，姑且就叫它乱炖吧。

为了不被好朋友笑话，麦克央求妈妈："妈妈，你去学学厨艺吧，再买一些好看的餐具来，我想邀请斯坦丁来家里做客。我们现在的餐具太破了。”妈妈没有同意，还严肃地批评麦克：“我们不能因为请客就换掉餐具，我们的钱要花在必要的地方，而不是为了讲究排场。如果他因为我们家穷就不和你做朋友，那他就不是你的朋友。”麦克尽管不甘心，可也拿妈妈没办法，只好就这样请斯坦丁来家里做客。斯坦丁来了，麦克妈妈热情地拉住斯坦丁的手说：“小伙子，你可有点儿瘦啊，尝尝我们家的乱炖吧，一定会让你胃口大开的！”麦克在旁边急得不得了，甚至有些无地自容，因为乱炖的味道他很熟悉，实在不怎么样，要想胃口大开，根本就是笑话。

乱炖上来了，黑乎乎的一大锅，冒着热气，让人看不出里面到底都有什么菜。妈妈给斯坦丁盛了一碗，递给斯坦丁，笑着说：“快尝尝，看看味道怎么样？”斯坦丁用木勺子小口地吃着，而麦克则在旁边紧张地看着，他生怕好朋友把这味道实在不怎么样的乱炖吐出来。直到斯坦丁把一碗乱炖吃完了，麦克提着的心才放下来。

斯坦丁吃完了，礼貌地对麦克妈妈说：“太太，您做的这个菜很好吃，我可以再来一碗吗？”“没问题，只要你喜欢。要是用面包蘸着吃，会更美味的！”妈妈高兴地又给斯坦丁盛了一碗。

麦克这下放心了，也开始吃起来。他觉得今天的乱炖很美味，比以前每次的都好吃。

不用说，麦克和斯坦丁以后还是好朋友，而且他们的友谊不断加深。通过这件事，麦克明白了，自己没必要为自己的贫困而自卑，要正视现状，努力改变，幸福掌握在自己手里。

22.面对痛苦
——忍耐

痛苦，是人生旅途中一段泥泞的小路；面对痛苦，你要忍耐，坚信小路的尽头连着温馨和幸福。

痛苦，是成长道路必经的风雨。面对痛苦，你要坚强，坚信阳光总在风雨后。

痛苦，是橡胶树里的橡胶，面对痛苦，你要给它一个流淌的出口，用爱的行为不停地释放自己内心的痛苦。

聪明的人永远把幸福的钥匙握在自己手中。身在苦中不觉苦，将来才能少吃苦。生活中，你的目光集中在哪里？集中在痛苦和烦恼中，你的生命就黯然失色；集中在快乐和愉悦中，你的人生将会幸福美好。

度过严寒的人，最知太阳的温暖；走过沙漠的人，最知水的甘甜；受过苦难的人，最知幸福的珍贵。

苦难是人生的大学，但并不是所有人的大学。只有那些坚强的人，才会在困难面前学到真正的知识，拥有真正的才能，而顶峰永远属于坚强无比的人。

逃避不如奋起

一天上午，有个中年妇女闯进我办公室，进门就哭:“快救救我女儿，知心姐姐，只有您能救她了！”

“您别着急，发生了什么事？坐下来慢慢说。”我安慰她坐下。

“我和她爸把她养大不容易呀！这孩子从小就聪明好学，学习上从不叫我操心，可自打上了初三，交了个高三的男朋友，情绪就变了。本来他俩挺好的，可前几天吵架分手了，萧晗受不了，回家就哭，要死要活的……”

“她是不是很内向？”我问。

“她很活泼，性格开朗。”

“那您担心什么？”我对这位满脸忧愁的母亲说，“今天晚上，我们中少总社和北京电视台‘知心家庭·谁在说’录节目，我是嘉宾主持人，您带萧晗一起参加吧，只要她愿意。”萧晗妈妈爽快地答应了。

当晚，母女俩如约来到演播室。

“别提早恋的事，我和她讲是来见知心姐姐的。”录制前，萧晗妈妈坐在观众席上悄悄对我说。

“您放心！哪个是萧晗？”我小声问她。

“上排第三个。”她指给我看。

“丹凤眼、尖下巴，中国古典美人！”我笑着点评。看得出，萧晗妈很得意。

这时，录制机器突然出问题了，要休息几分钟。我便大声对节目主持人向平说："向平，请上排第三个女孩朗诵一段，她很棒，得过奖。"萧晗大大方方上台，即兴朗诵，语调和表情既专业又自信。

节目的内容是"和知心姐姐面对面"。在场的50个孩子和50个父母争先提问。可没人提早恋的事。这时，萧晗妈妈主动站起来问："知心姐姐，我有个同事让我问问您，他家儿子早恋，现在很痛苦，怎么办？"我笑了，真是用心良苦！这位妈妈既想帮孩子又怕伤害孩子，才想出这么个办法。

我在现场讲了个故事：三兄弟都想在同一块麦地选一株大麦穗，但每人只有一次机会。老大第一个走上田梗，走了几步就发现了一个大麦穗，急忙拔下来，结果走到中间发现了更大的麦穗，但他已经没机会了，只好痛苦地走完全程。老二接受老大的教训，一路走下来他看哪株都不够大，结果到了路的尽头，大的都过去了，最后只能选后面小的了，于是，他也很痛苦地走完全程。老三最聪明，他走上田梗，仔细观察，发现这块地里的麦穗，大、中、小是有规律的，没有最大，只有比较大。走到中间，他选了株比较大的，走到尽头，这株也是大的，于是，他幸福地走完全程。

讲完故事，我对萧晗妈妈说，回去转告您同事的儿子，要想终身幸福，就要慎重选择，任何盲目都会带来痛苦。

我想，场上的观众大概只有萧晗心里明白，妈妈的问题是为自己提的，"知心姐姐"的故事是讲给自己听的。可是，节目中我却发现萧晗提前退场了。我心里有点不安。

第二天早上，萧晗打来电话："知心姐姐，对不起，我昨天要回校参加晚自习，没打招呼就走了。您的话，我听进去了。我想通了，没事了。"

"你能来我已经很高兴，你昨天朗诵得真棒！"听到我的夸奖，电话一端传来开心的笑声。这下我放心了。

两个月后，我们"知心家庭·谁在说"栏目要做一个早恋的节目，主宾是个因失恋而割腕的中学男生。我请萧晗做嘉宾，现场帮助他。萧晗讲得很精彩，编导断定她具有当主持人的资质。

萧晗彻底变了。一天她给我打来电话："失恋了就要死要活的，我

真傻！您说我怎么那么傻呀？”我真为她的转变高兴。

2005年1月1日，我收到新年的第一封信。写信的正是萧晗。信中说：

……朦胧中，怎会忘记年少的轻狂；那一天我爱上了他，尽管我们的年龄有三岁的差异，但我们相爱了……然而那个灰色的夜晚，我们大吵了一架各奔前程。没有原因，就像它到来一样，冥冥之中来到冥冥中消失……我冰冷的双手在颤抖，我的心好凉，沉重的打击将我击垮，从那天开始我痛得难以翻身。妈妈见我如此，眼泪不停地流淌，二话没说，拿着我孩提时的照片，走向了知心姐姐。

我很荣幸在中秋这个阖家团聚的日子，来到北京电视台“知心家庭·谁在说”的节目现场，第一次见到了知心姐姐。那一天我不会忘记，我第一次在北京电视台的舞台上展示自己，第一次感觉到了我执着追求的所在，梦想就此起飞吧！

然而，回到家，我接到他的电话，原本开心的我再一次落下了眼泪，我感到前所未有的茫然，随后的日子，我无不在煎熬中度过。于是，在10月1日这个举国欢庆的日子里，我留下“珍重”的遗书，离开了温暖的家……我知道此刻妈妈爸爸，早已心急如焚，一定十分地伤心失望，可面对痛苦我抛开了一切。坐在车里，我泪如雨下，往日的点点滴滴历历在目：我该怎样面对今后的人生？我用力攥紧拳头，不知如何是好。我将自己的伤痛包装起来，我不想让别人知道。下了车，眼前有一条河，我想往下跳，可是我恐惧了，我害怕面对死亡，我想要生活。我离开了那条河。外面的风好大，我一个人走在街上，看着商店里琳琅满目的商品，看见大街上穿着奇装异服的人们，我发现自己对这个世界充满好奇，我渴望在这个世界闯荡一番自己的天地，可是心里的那份对他的爱和分开的伤痛却包围着我。内心的痛苦让我再一次求助于知心姐姐，我向她诉说了我的痛苦，知心姐姐很快回复了我，在我印象中最深刻的一句话是“改变心情就改变了世界”，它让我在黑暗中找到光明。于是我坐上了回家的列车，回到家中，妈妈见到我开心得不得了。是啊，天下有哪个父母不爱自己的孩子呢！从此，我家又恢复了往日的温馨。

我细细品味知心姐姐的话“改变心情就改变了世界”，忽然明白，年少的感情会有甜蜜，而甜蜜过后那撕心裂肺的伤痛，却是我们这个年龄承受不起的，不要去触碰那涩涩的感情啊！

更不要为任何事情摒弃自己的生命，那样真的不值，真的很傻！珍爱生命吧，珍爱今天、明天和未来！花儿谢了有再开的时候，杨柳枯了有再绿的时候，而我们的生命却一去不复返啊！

我想告诉萧晗，也想告诉每一个感到痛苦的孩子：痛苦，是人生征途一段泥泞的小路，而对痛苦，你要忍耐，相信小路的尽头连着幸福和温馨。

追风的孩子

1917 年 10 月的一天，对于一个 8 岁的男孩来说，这是一个终生难忘的日子，因为就在这一天，他的人生彻底地改变了。

事情的缘起是这样的：男孩的家位于美国堪萨斯州的洛拉镇。那一天，男孩家的炉灶突然发生了爆炸。男孩那会儿刚好在屋里，结果被严重地烧伤了。

虽然父母及时地把他送到了医院，但是他的伤势非常严重。最后医生告诉父母：这个男孩双腿的伤势太严重了，以后再也没法走路了。

男孩的父母听到这个消息后，简直是痛不欲生。原来活蹦乱跳的儿子以后的一生都将在轮椅上度过，这将是多么悲哀的一件事啊！他们怎么能把这个消息告诉可怜的儿子呢？

但是，聪明的儿子还是从父母的脸色中看出了端倪，再加上自己的腿越来越没有知觉，他马上知道了自己的情况可能不是很好。

在病床上躺了几个月，男孩的伤渐渐痊愈了，他可以下床了。那天，男孩扶着床栏，把脚轻轻地放在地上，可手刚一松开栏杆，立刻摔倒在地。妈妈和医生赶紧过来，把他抱到床上。医生劝男孩说：“孩子，你还是坐轮椅吧，你的腿几乎残废了，你是站不起来的！”听了医生的话，妈妈捂着脸哭起来。可男孩却不这么想，他认为自己一定可以站起来，他相信自己能行！

此后，男孩总是试着伸直双腿，不管在床上，还是在轮椅上，他一直坚持锻炼着。两年多以后，男孩的双腿终于可以伸直了，他对自己充满了信心。家人们看到男孩的努力有了成果，都为他高兴，同时，大家都尽自己所能帮助他锻炼。

又过了一段时间，男孩终于可以下地了，虽然他走路时一瘸一拐，还经常摔倒，但毕竟他可以走了。想到医生对自己的断言，男孩为自己创造了奇迹而高兴。每天早上醒来，他都高兴地说："太好了。我起床了，我还活着。这一天有多少人起不来了。"于是他精神抖擞。尽管走路时腿上的肌肉像刀割一样，疼痛无比，可男孩一直咬紧牙关坚持着。因为他有了一个新的决定——要像其他孩子一样跑起来，那种追着风跑的感觉非常美妙。

男孩为了自己的梦想继续锻炼着，腿上原来松弛的肌肉渐渐变得紧绷起来，也有了力量。又过了几年，他变得和同龄人一样健康和强壮了。进入大学以后，他参加了学校里的田径队，对于长跑，他有着非比寻常的兴趣。他体验着奔跑的乐趣，更喜欢跑步时那种两耳生风的感觉。

后来，他的一生都与长跑紧紧相连，他还创造了世界纪录。这个追风的男孩就是格连·康宁罕，美国最伟大的长跑选手之一。他的精神，将一直激励着我们——面对痛苦，我们不抛弃不放弃，坚强地接受现实，并努力改变，相信阳光总在风雨后。

23.面对困难
——积极

在漫长的人生路上，每个人都会有许多事不能如愿以偿。

当你在生活中或是学习上碰到困难，先别急着灰心丧气发脾气。教你一句妙语吧，百试百灵的，那就是——高高兴兴地对自己大喊一声：“太好了！”“太好了”，这平平常常的三个字具有无穷的魅力，它仿佛是一个振奋人心的号角，把人们心里失望、沮丧的负面信息转化成催人奋发向前的正面信息，把在前进道路上遇到不愉快时的心情变成继续前进的动力。

掌握“太好了”这三个字有三个要点：一是自我激励——多从积极的方面去想问题；二是激励他人——多向别人发出鼓励的正面信息；三是学会转化——将消极因素转化为积极因素。

心理素质好的人豁达开朗，沉着应对困难，于是成功了；心理素质差的人，烦恼纠缠，难以自拔，于是倒下了。

家长帮助孩子克服学习困难的方法

一位家长说，进入小学以后，我的儿子小刚学习成绩始终名列前茅，经常获得学校的各种奖励。五年级的时候，我和丈夫工作调动，他转入另一所小学学习，新的环境令他难以适应。不久，小刚参加了学校的数学选拔比赛。比赛中，他把一道题的要求看错了，等到检查时发现了错误，但交卷时间已到。小刚由于成绩不理想而遭淘汰，不能参加区级比赛。为此他在很长时间里闷闷不乐。紧接着，期终考试的前一天，小刚突发肠炎，一天里面必须多次上厕所，尤其是每门课开考前的十几分钟内，他总要频频离座。而考试结束后，他的肠炎症状立即自行消失。自此以后，每遇考试，小刚便有类似的肠炎症状，到现在半年多了，我们开始意识到问题的严重性。

就小刚的情况看，他学习成绩不良是几个原因综合起了作用。小刚的母亲是一个易于焦虑紧张的人，对孩子影响很大。小刚的父母对他的教育非常严格，期望过高。他们要求小刚学习只能成功，不许失败，小刚从小就生活在这种重压之中。当小刚转入新的学校后，需要一段时间适应，尤其遇到挫折时，更需要调适。家长忽略了这些，而小刚的自我心理调整能力不强，造成现在这个局面。

影响孩子学习成绩的因素很多，有孩子自身因素，也有环境的影响。内外因素相互影响，使孩子的学习成绩差异很大。从环境影响看，社会风尚、学校教育和家庭氛围共同构成了孩子学习的环境，影响着孩子的学习成绩。学习型家庭的孩子成才比例显然比平均水平高得多，家里是否有一块安静的空间和一段不被打扰的时间也与孩子的学习成绩相关。

就影响学生学习成绩的内部因素来说，也不是单一的。首先是遗传素质，也就是所谓天资。遗传限制了人的表现，为人的发展提供了可能性，所以学习成绩不良者可以做智力测试。其次是经验，有的学生学习效果差是由于缺少某一部分知识，难以继续学习；也有的学生是没有掌握科学的学习方法，结果在学习中事倍功半。再次是身体，有的学生体弱多病影响上学，有的学生视力或听力有障碍影响学习效果。另外，动机也是最常见的原因。学习时注意力是否集中？是否过度焦虑而影响发挥？是否贪玩而对学习没有兴趣？

影响学生学习动机的社会心理方面有两点：家长溺爱无度、放任自流或高压专制、期望过高，都会削弱孩子的学习动机；学生的自我认识偏差，畏惧竞争，害怕失败，贪图玩乐。

处于成长时期的小学生，对学习本应有无穷的兴趣。但由于有的教师或家长经常采取强行的灌输教育方法，使学生求知欲望受到挫伤。有些学生感到学习枯燥无味，甚至把学习看成一种负担。

有的学生成绩不好，学习吃力，不爱学习，是因为智力、个性上出了问题；有的学生学习困难，主要由于家长没有从小培养良好的学习习惯，养成小动作多，坐不住，不注意听讲，老师讲的什么听不明白也记不住，加之当前科技迅速发展，教学内容更为复杂，学习不好，基础差的学生更感困难。以上是造成学习困难的原因。

遇此情况，家长如何帮助学生提高学习兴趣、改善学习困难情况呢？首先家长应深入了解和观察孩子的学习情况及学习困难原因，万不可粗暴对待，要注意耐心教育，不溺爱孩子。孩子在小学低年级未养成良好的学习习惯，现在功课多了，学习内容深而复杂了，要求也高了，此时加强训练才能跟上要求，否则更加造成学习困难。如何提高认识帮助孩子克服困难，以下是加强训练逐渐改变孩子学习困难的主要方面。

孩子升入小学中高年级，知识的深度和难度加大，这就要求家长帮助孩子在学习方法、学习态度和学习能力上提高，以适应变化。还可根据孩子自己的学习体会合理安排时间，订出可行的学习计划，在学习方法方面给予具体指导，尽快使孩子适应高年级的学习生活，学会主动学习，认真思考，提高学习能力。

家长要创造一个良好的学习环境。当孩子在家里学习时，家长应注意不和孩子说话，不干扰孩子。还可订些报纸杂志，常带孩子到书店逛逛，买些有益孩子学习的书，增加知识扩大视野。家长应支持他们参加各种活动，陶冶情操，锻炼身体，提高学习兴趣。

总之，家长帮助孩子克服学习困难应注意勿急勿躁，切忌包办代替，避免加重孩子的负担。应针对孩子实际情况，重点辅导改善学习方法，提高学习兴趣，培养良好的学习习惯，就能逐步取得良好的学习效果。

最长的围墙

在南半球的澳大利亚，有一个世代养羊的家族。青年汉克斯经过不断努力和辛勤付出，使他的羊群规模不断扩大，终于发展到十万只。不过年轻人总是有野心的，他想把自己的羊群再扩大些。可无论他付出多少汗水放牧，多么尽心竭力培育小羊，他的羊群数量总保持在十万只左右。对此，他非常困惑，但又不知问题出在哪里。

有一天，年迈的爷爷来到他的牧场参观。他指着漫山遍野吃草的羊对爷爷说："爷爷，您看我有十万只羊了，不是个小数目吧？"他本以为会听到爷爷的赞扬和夸奖，可爷爷却微微一笑，轻描淡写地说："十万只算什么，我那会儿也养过这么多羊呢！"汉克斯刚想问爷爷当年是怎么养的，后来为什么减少了许多，可爷爷却一转身，回家去了，这让汉克斯很纳闷。

晚上，他失眠了，一方面是因为爷爷的话，另一方面是因为这几天羊群总是出事。一到半夜，他经常听到羊群中传来惨叫。第二天一看，总有四五十只羊被咬死，大多都是肚子被撕开。而被咬伤的羊羔，更是数也数不清。看着满地的羊尸体，汉克斯气得捶胸顿足，究竟是什么动物如此残暴呢？是狼吗？这个问题一直困扰着汉克斯，让他吃不好饭，睡不好觉。汉克斯心想：难道自己想扩大羊群的计划没办法实施了？是就此放弃还是再想办法？

有一次，一个动物学家从汉克斯的牧场经过，汉克斯把自己的烦恼对动物学家说了。动物学家告诉他，在澳洲境内有一种凶猛的野狗，大概有一百万只。正是这种野狗不断地袭击羊群，才使羊群的数量很难再增加。汉克斯想起了爷爷的话，原来，在爷爷那个时代，这种野狗已经存在，但因为人们没有办法解决野狗的问题，所以到现在，野狗袭击羊群的事件还是经常发生。

原因终于找到了，汉克斯萌生了一个念头：修一道长长的围墙阻挡野狗对羊群的袭击。但大家都认为仅凭他一己之力建几千公里的围墙，是没法儿完成的，何况还要花很多钱维护，根本不现实。

但汉克斯没有灰心丧气，他开始在牧场周围一点点建围墙。虽然一个人的力量有限，但汉克斯觉得，只要多建一点儿，野狗袭击的机会就会少一点儿，他扩大羊群的概率就大一些。就这样，他的围墙一点点延伸着。附近的邻居慢慢意识到汉克斯的做法是对的，纷纷效仿。后来，政府也开始参与，并资助汉克斯的筑墙计划。

就这样，一年以后，一道从南澳洲大海湾向东延伸，经过新南威尔士，穿过昆士兰东部，抵达太平洋沿岸的世界上最长的围墙建成了。这道围墙高 1.8 米，顶部由带刺铁丝组成，上部是菱形铁丝网，下部是小眼铁丝网，非常结实、耐用、牢固。

自从围墙建成后，野狗袭击羊群的事件几乎没有发生过，羊群的数量猛增，为牧羊人增加了可观的经济收入。而且，这道防护墙还成了一处澳洲人引以为傲的旅游景点，所以许多人都称它为“爱心围墙”。

24.面对拒绝
——悦纳

我建议你从现在起就树立这样一种意识：我是大海中的一滴水，有我和我的伙伴，才能形成汹涌澎湃的大海，造福人类；我是高山上的一棵小草，有我和我的伙伴，才能形成翠绿的山川；我是集体中的一员，有我和我的伙伴，才能形成和谐、温暖的集体。

尺有所短，寸有所长。每个人都有长处，也都有短处，不可能十全十美。如果人人都能取长补短，扬长避短，会比一个完美的人力量大得多。

合作，是世界发展的潮流；合作，将创造出生命的奇迹！

如果把世界比作海洋，那每个人都是其中的一滴水，我们相互依存，没有人能够脱离他人而独立存在。如何与他人和谐相处，是每个人都要面对的问题。

心是一个小窗口，这个小窗口打开了，再大的世界都能装下。

悦纳，正是打开自己心灵之门的金钥匙。

从说“谢谢”中学会感恩

我们的生活中，有句最简单而有价值的话，就是“谢谢”。英文中最常用的词，也是“thank you”（谢谢你）。“谢谢”不仅仅是礼貌，“谢谢”和爱连在一起，“谢谢”有多少爱就有多少。

今天，许多父母痛苦地告诉我，他们最伤心的是自己的孩子不懂得感谢。孩子们觉得，父母为他们所做的一切都是应该的，别人为他们所付出的一切劳动都理所当然。

一位母亲告诉我，陪着 5 岁的女儿去游泳，女儿在前面走，她拿着大包小包跟在后面，女儿问：“水果带了吗？”“牛奶带了吗？”当女儿得知妈妈带的水果是梨时，哭了起来，非要妈妈回去换她爱吃的苹果。妈妈说她觉得自己不像孩子的妈妈，而像孩子的奴隶。女儿从来都是向妈妈提要求，却从没说过一句感激的话。

从小没有感恩之心的孩子，长大后就是一个自私的人。不过知恩图报，会说“谢谢”的孩子还是很多的，我讲几个故事给你听听。

有个盲女在妈妈生日那天送给妈妈一份礼物——一点儿一点儿扎在生日贺卡上的盲文，妈妈看不懂，请人翻译，那段盲文让她听得泪流满面：“亲爱的妈妈，谢谢您把我养大！虽然我看不见您，但我永远爱您感谢您——妈妈！”妈妈捧着贺卡哭了，她觉得自己为女儿付出的一切都是值得的。

有个七八岁的聋哑女孩，背着书包去上学，上公共汽车时没站稳，差点儿摔倒。一位叔叔看到了，急忙上前扶她一把。女孩上了车，刚站

稳就向这位叔叔打手势，叔叔不明白是什么意思。叔叔要下车了，女孩连忙跑过去，塞给他一张小字条。下了车，叔叔打开纸条一看，只见上面歪歪扭扭写着一行字：“谢谢，谢谢叔叔！”

感恩之心，感激之情，就像燃烧的火焰，让你渴望表达，否则将遗憾终生。

一个山里孩子考上大学，却因为家里穷上不起。这时，一个素不相识的外地人无私地资助了他。这个孩子一直想当面说声“谢谢”，却始终没能实现心愿。三年后，他专程按着汇款人的地址找到恩人家，万万没想到恩人已在几天前去世了，临终前，还给他汇去了最后一笔款。他含泪在白纸上写下了一万个“谢谢”，点燃在恩人坟前……

事业有成的林先生说他一辈子忘不了老师的三句批评。上小学时，他是班长，有天一个同学生病了没来上课，老师让他去看望这个同学，并告诉他当天的作业，他随口答应了，可是一放学，光顾着玩，把这件事忘得一干二净。第二天老师知道了，把他叫到办公室，让他伸出手，用铜尺使劲打了他三下手心，并严厉地说：“你昨天答应我要去可你没去，你不守信用；你是班长，有责任关心同学，你没去，你不负责任；同学有病，你没把他放在心上，你没有爱心，今天我惩罚你，是想让你记住这样的人将一事无成！”

“老师的话我记了一辈子，”他动情地说，“长大后，我当上了公司经理，一直不敢忘记老师说的话，所以我成功了，我一直想对老师说一声：老师，谢谢您！可一直没有机会说。”他后来还和《中国少年报》合办征文比赛，题目是《老师，我要说声谢谢》，希望所有的孩子都学会“谢谢”这两个字，记住老师的恩情。

在隆重的征文颁奖大会上，林先生眼含热泪对在场的孩子们说：“今天是教师节，我真想对我的老师说一声：谢谢您，老师！”场上响起暴风雨般的掌声。我含着眼泪将手中的鲜花送给了他，因为他也说出了我的心里话。

后来，林先生回到故乡看望小学老师，想当面谢谢他，可是，老师已经去世了。他来到老师墓前，在墓碑上看到了老师的遗言：“我没有死，我把关爱别人的方法传给我的一千名学生，我的学生将用这方法来关爱别人，我要休息了，我可以休息了。”在这位乡村小学老师的墓前，林先生一遍又一遍地说:“谢谢您，老师！”

感谢，就像阳光一样，给我们带来温暖和美丽。

面对恩情，你首先会想到你的父母，只要记住父母的养育之恩，真诚地对他们说声“我爱你”，不管他们会不会亲吻你，理解你，你都会感受到幸福正包围着你。

面对恩情，你不会忘记你的老师，只要记住老师的教育之恩，永远地对他们说声“谢谢你”，不管他们在不在世上，会不会回答你，你都会觉得爱在簇拥着你。

面对恩情，你会想起所有关心帮助过你的人，只要记住他们的知遇之恩，及时地说声“谢谢你”，不管他们是不是还记得你，你的心里都不会留下什么遗憾。

记住，任何时候都别忘了说声“谢谢你”！

残忍的拒绝

志强是一个十二岁的男孩，长得很可爱，也很招人喜欢，今年上六年级。他的父亲因为偷窃被关进了监狱。他的母亲下岗了，靠做零工维持母子俩的生活，每天都回家很晚。没人管的志强经常穿着不合身的衣服来上学，上面还总有污渍。

在一大群男孩子中，志强的家庭背景最不光彩，因而，他就成了大家嘲讽和打击的对象。志强的脾气很好，很乐意为同学们做一些琐碎的事情，大家出去的时候，他经常是背着几个书包，开心地跟在大家的身后。谁要是不开心了，拿他当出气筒，他也总是没心没肺地笑着，丝毫不放在心上。

周末到了，大家商量好，要去小镇外的树林里野炊，这种活动以前经常举行，每个人轮流主持，从自己家里带一些食物给大家吃。

这次轮到星星了，他还带了一项帐篷，大家可以在里面打扑克、玩弹球，感觉一定很不错。不过，星星很犹豫，因为他还担负着一项特殊的使命，就是大家商量好了，这次要把志强从这个圈子里驱逐出去。大家觉得，有了志强，这个圈子的水准太低了，而且，志强的家庭条件不可能承办这种活动，所以一致表决，要把志强开除。这次因为是星星主办，就由他来公布这个决定。

叮当，叮当……志强骑着一辆破烂乱响的自行车来到了大家的面前，热情地打着招呼："嘿，伙计们，你们来得还真早。我这辆破车又坏了，鼓捣了半天才能骑，来晚了，不好意思！"大家冷冷地看着志强，然后给星星使了个眼色，星星走到大家的前面。

其实，星星本意上不愿意这么做，他觉得，志强是个好人，而且平时对大家都那么好。今天由自己来说这个决定，星星觉得很残忍。但是，这是大家举手表决定了的事，必须得说。

星星深吸了一口气，说：“志强，我们这个团体不要你了，你赶快走吧！”志强好像不明白发生了什么事情，愣愣地看着星星。

星星又重复了一遍那句话，还提高了声调。这时，星星看到两颗巨大的泪珠出现在志强的眼眶里，志强的嘴唇颤抖着想说什么，可马上又闭上了，然后他决然地一转身，骑上那辆破自行车走了。

星星木木地站在那里，不知所措，直到同伴们欢呼着把他拉进帐篷。

回到家后，星星一直很自责，他觉得自己深深伤害了一个无辜的人，用的武器就是——拒绝。

星期一上学，星星很想向志强道歉，并拉住他的手说愿意跟他做朋友，但却一直没有看到志强。以后几天，还是看不到志强的影子。后来听老师说，志强的妈妈正在给志强联系转学的事情，志强不会再来这所学校了。

志强走了，大家再聚在一起的时候，似乎都不像从前那么高兴了。这时他们才意识到志强是多么的重要，志强才是大家快乐的源泉，每个人的心里早已把志强当成了好朋友，都没有真正地拒绝他。但是志强在的时候，大家竟都没有觉得，为此他们都追悔莫及。

25.面对暗恋
——自尊

面对暗恋，你最好打开心灵的窗户，让生活的阳光照射进来。阳光多了，烦恼就会少些。

面对暗恋，你最好走出心中苦闷的小屋，走到众多的同学中间，去喊、去笑、去倾诉心声。朋友多了，世界就变大了。

做一个阳光少年吧！你高兴，别人也会快乐。

尊重孩子才能培养出孩子的自尊

尊重孩子的妈妈才能培养出懂得自尊的孩子。

一位中学生告诉我，一种带锁的日记本在他们班里几乎人手一册，目的是为了防范父母翻看日记。

孩子向最亲的父母锁住自己，这一颇为残酷的现象令人深思。孩子之所以给日记上锁，是因为父母不能尊重他们的隐私；而父母则自有一番道理，实在不了解应当怎样教育自己的孩子。这其中的问题就出在如何互相了解上。父母与孩子虽然有着与生俱来的亲情，但毕竟相差几十岁，彼此之间有天然的代沟；跟孩子做朋友，靠真诚赢得孩子的信任是唯一的途径。

许多孩子常常向我“状告”父母：“妈妈爸爸老偷看我的日记或私拆同学给我的信，我十分气愤，可又不知道怎么办。”我告诉他们，在你的日记本第一页写上：“偷看别人的日记是不道德的行为。”然后把这一页打开，放在桌上。这样一来，爸爸妈妈以后就不会再看了。

为什么这么说呢？我很了解做父母的心。他们一天忙到晚，哪里有工夫去看孩子的东西。只是因为孩子一味地藏着、躲着、锁着，才使他们产生了好奇心，甚至犯了疑心，以为孩子有什么事在瞒着大人，于是，就采取了许多“侦破”手段，不自觉地触犯了孩子的隐私权。

在大人们看来，这都是些小事。“连孩子的生命都是我给的，何况一本日记、一封信？”可对孩子来说，大人的这些行为，都是对他们的不信任、不尊重，伤害了他们的自尊心。

其实，在大多数孩子的日记里，很少有什么“不可告人”的事，更多的是孩子的一些思考和一些心里话。当父母的，要允许孩子有自己的秘密。

儿童期的孩子有秘密，说明这孩子有丰富的内心世界，智商高，主意多。这样的孩子往往是孩子头，他常常会编造出一些小秘密，以吸引同龄的伙伴。少年期的孩子有秘密，说明他正从幼稚走向成熟，善思考，有独立见解，自尊心也在增强。进入青春期，孩子对成人的封闭性、对伙伴的开放性更显得突出。这些小大人似的孩子尤其需要得到尊重。

首先，孩子是个人，不是物。他是人，他就有感情，就有他自己的行为方式，就有自己的独立人格，也有他的隐私权。现在很多家庭把孩子当成宠物，想玩就玩，想逗就逗，就是不懂得尊重孩子。第二，孩子是未成年人。正是因为没有长大，他们就坐不住。一年级的孩子能够集中精力的时间也不过 10 分钟到 20 分钟，过一会儿他就要动一动，这是年龄特点决定的。孩子有时爱说大话，大人却以为他在说谎。其实，这是孩子为了让别人注意自己，故意夸大事实罢了。他还没有成年，思想尚未定型，这时候你不分青红皂白说他在说谎就是冤枉他了。第三，孩子是一个独立的人，不论年龄大小，大人们不能把他的一切都代替了。孩子要独立思考，要独立参与;他要有自己的秘密，也要有自己的隐私权。法律都在保护他们的各项权益，你侵犯了他们的权益，你便触犯了法律。

如果孩子从小就受到尊重，他便能懂得自尊，也会懂得怎样去尊重别人。那些对人彬彬有礼的孩子，肯定是在家里很受尊重的孩子；那些蛮不讲理、行为粗野的孩子，在家里，一定得不到他人的尊重，甚至常常受到伤害。

如果你想把自己的孩子培养成为高素质的人，成为有教养的人，那么，你首先要做这样的人。要让孩子尊重你，你便应当先尊重孩子。

有的妈妈希望孩子进入大人卧室时，要先敲敲门；那么，你进孩子的房间（如果孩子有单独的卧室）时，有没有敲门？有的妈妈总怪孩子乱翻自己的东西，你想过没有，你自己是否也常常翻动孩子的东西？有的妈妈总责怪孩子不愿意听大人讲话，可你是否自省过，你认真倾听过孩子说话吗？

如果你想让孩子长大后具备一定的法制观念，你自己也一定要懂法、守法，还要学会利用法律保护孩子，更要尊重孩子应有的权利。

人类最不能伤害的就是自尊。在家庭中建立亲情乐园，要从尊重孩子开始，尊重孩子的隐私开始。

小纸条带来的烦恼

新学期开学后，班里新转来一个同学，这个同学不但个子高，长得帅，而且篮球打得也好。这下，班里的女生可积极了，纷纷向那个同学表达爱慕之情，胆子大的，干脆还写了求爱信呢！

方芳也很喜欢那个男孩，简直是控制不住，盼着看见他的身影，盼着看见他注视自己，盼着他主动和自己说话。要是哪天那个男孩和她说了一句话，她一整天都美滋滋的，觉得特别幸福。

这种暗恋时时刻刻折磨着方芳，她觉得自己简直要疯了，在下了一番狠心之后，方芳决定给那个男孩写一张纸条，把自己的心思告诉男孩。

纸条写好后，方芳趁着课间，偷偷地把纸条夹在了那个男孩的书里。

本以为把自己的心声告诉那个男孩，自己就可以安心了。可是，对结果未知的担忧让方芳更加坐立不安，她总是不停地设想着各种结果：男孩看到信，会怎么样？他会不会看不起自己？会不会告诉同学？会不会告诉老师？会不会从此不理自己？这一个个问号让方芳吃不下饭，睡不好觉，不光学习成绩直线下降，连昔日像苹果一样圆的小脸也瘦下来了。方芳的这一系列变化当然逃不过妈妈敏锐的眼睛，妈妈觉得方芳肯定有什么心事。周六的下午，妈妈泡好两杯浓香的咖啡，把方芳叫到客厅。

咖啡的香气在空气中扩散着，闻着真香。方芳一边小口地喝着咖啡，一边犹豫着要如何向妈妈开口。而妈妈呢，也没有问，只是享受着周末下午难得的休闲。终于，方芳开口了：“妈妈，我有件事和您说。”“什么事？”妈妈抬头看着方芳,脸上带着笑。“我喜欢上一个男孩，还给他写了张小纸条。”方芳说着低下了头。妈妈摸了摸方芳的头，平静地说：“哦，这说明我的女儿长大了，喜欢男孩也没有错。”“啊？是吗？”方芳简直不敢相信自己的耳朵，妈妈竟然会这么说，她还以为妈妈肯定会批评自己呢，没想到妈妈这么开通。这下，方芳不怕了，像竹筒倒豆子似的把自己这段时间的煎熬都告诉了妈妈。

妈妈耐心地听完，把方芳拉到怀里，温柔地说：“乖女儿，你这个年龄对男孩有好感，说明你长大了。但好感只是好感，并不是爱情。你们还不清楚自己和什么人更合适。至于小纸条，给了就给了，你也不要在意那个男孩有什么反应，只当没有发生过这回事。你现在最重要的是把学习抓上去，像以前一样开心快乐地度过每一天。我想啊，那种阳光开朗、各方面都很优秀的女孩，一定会有不少男孩喜欢的。妈妈相信你能处理好这件事。”听完妈妈的话，方芳觉得很踏实，也觉得妈妈的话很有道理，下一步怎么做，方芳心里已经很清楚了。没过多长时间，方芳就调整好自己，变回了原来那个开朗乐观的女孩，成绩也提高了。

有一天，方芳突然在自己的书里看到了一张小纸条，是那个男孩写的，大意是说方芳很阳光、很自信，希望永远是朋友。方芳笑了，她把小纸条收藏起来。这是自己青春的记忆，要好好珍藏。至于这份懵懂的感情，就这样把它深藏在心底吧！

26.面对孤独
——真诚

没有朋友的人是孤独的。要想拥有真正的知心朋友，就要待人真诚，体谅别人的难处，始终怀着一颗感恩的心。

当别人有困难时，要伸出热情之手相帮；当别人取得成功时，主动送上自己的赞美和鼓励。奉献你自己，你将会得到别人更多的真心和友谊。

当你捧着真心去交朋友，不嫌弃别人、不抬高自己时，你就会发现，周围多了许多真正的朋友。因为，只有真诚才能换来真正的友谊。

在这个世界上，没有什么比真诚的友谊能够带给我们更多的帮助、激动和快乐！

财富不是一辈子的朋友，朋友却是一辈子的财富。

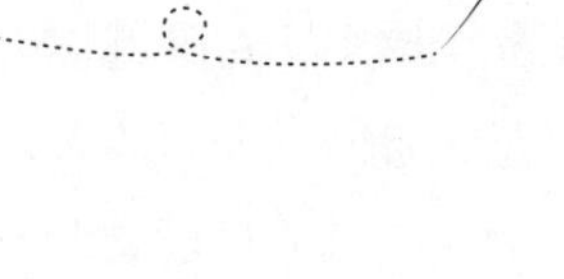

受益终身的待人接物三原则

我国古代大教育家孔子，把人的仪表称为“文”，把人内在的精神称为“质”。他所说的“文质彬彬，然后君子”，意思是说两者都具备的人，才是有修养的人、文明的人。

我们评论别人时，常爱说“这个人气质好”。所谓气质好，就是语言、行为、心灵都美的人。如果你想成为一个气质好、受欢迎的人，请先学一学“待人接物三原则”。

原则一：尊重他人。尊重人，是一切礼仪规则的核心。你如果希望别人尊重你，首先要学会尊重人。这是待人接物的一条重要原则。学会尊重人，可以从以下三点做起。

听他人说。做一个好听众，认真倾听别人说话，鼓励别人说他们的事，让对方觉得他很重要。这样的人，朋友会很多。只会说不会听，或者随便打断别人的话都是不礼貌的。

替他人想。平时我们与替他人着想的人接触时，总是会感到这人很好相处，为人善良，这样的人人际关系总是比较好的，做事也比较容易成功。平时待人接物，我们也应该遵守这条原则，多替别人想一想。

帮他人做。1979 年联合国通过的章程中有这样一句话：“培养具有温暖心灵的人。”人与人之间要相互帮助，如果能经常说：“你有困难吗？我来帮助你！”并且尽力帮他人做，你的心中就会充满爱心，会觉得活得很充实。你的朋友会很多，你有困难时，别人也会愿意来帮助你。

原则二：热情待人。你是喜欢接触整天沉着脸、闷闷不乐的人呢，还是喜欢接触快乐而热情的人呢？我想人人都喜欢充满热情的人，那么你自己也该成为热情的人。

热情是来源于内心对生活的热爱和良好的心态，它会洋溢在你的眼睛里、你的谈话中。你心中对生活的热爱，对同学、对老师、对家长的热爱，会通过你的一言一行流露出来，不仅使自己精神振奋，还会感染别人、鼓舞别人，让人愿意和你在一起。

原则三：真诚做人。选择朋友，最重要的标准是真诚。真诚的友谊是无价的。真诚的人，实实在在，不虚伪，说到做到，不说空话。真诚的人，真心地欣赏和感激别人，不指责和抱怨生活和他人。真诚的人，有话当面讲，不在背后说人家的闲话。

在与同学相处的时候，我希望你们还要做到“七不要”。

1. 不要违约，哪怕小小的约定。有约就要遵守，否则就别相约。

2. 不要在背后议论别的同学的缺点。记住：“好话在人后说，坏话在人前说。”

3. 开玩笑要有分寸。不要取笑挖苦别人，特别是他人的外貌和穿着。

4. 与同学交往不要只谈论自己的事或自己感兴趣的事，不要反复说同样的事。

5. 不要因为别人对你提意见而生气，对批评你的人要充满感激之情，无论是善意的还是非善意的，因为他人的批评会促使你不断进步。

6. 不要乱动同学的东西，就是最要好的朋友，也不能先斩后奏。应该先打招呼，得到允许后才用。

7. 借用同学的东西，用完后要立即归还。

最后，愿你选真诚的人做朋友，自己也做真诚的人。

为友谊犯了错

下课了，同学们有的一窝蜂似的冲到教室外去玩，有的三三两两地聚在一起聊天儿、做游戏，还有的预习下一节课的内容。只有小婧，无聊地看看这儿、看看那儿，觉得很没意思。也难怪，小婧长得不好看，成绩也很一般，没什么突出的地方，而且性格有点儿内向，不太爱说话，是那种在人群中最不显眼的人。同学们都不喜欢她，甚至有些瞧不起她。因而，虽然小婧年纪不大，却早早地体验到了孤独的滋味。

周末，从国外出差回来的姨夫来小婧家，给小婧带来了很多国外的巧克力和其他好吃的。小婧看着这一堆好吃的，突然萌生了这样一种想法：要是自己把好吃的带给同学们，同学们是不是就愿意和自己交朋友了呢？第二天早上，小婧把巧克力装进书包，带到了学校。

下课了，同学们照旧三五成群地聚在一起。只有小婧，还是孤单的一个人。她看了看四周的同学们，用两手各抓着一把巧克力，向同学聚得最多的一处走过去。同学们谁也没注意到她，好像小婧根本不存在似的。小婧站了一会儿，才鼓起勇气对同学们说：“我这里有巧克力，请大家吃！”同学们先是惊诧地互相看了看，然后就从小婧的手里拿过巧克力，吃了起来。巧克力吃完了，大家继续聊天儿，只是偶尔会有同学和小婧搭一句话。

为了让同学们接纳自己，从此以后，小婧总是把好吃的带到学校请同学们吃。她固执地认为只有自己这样做，同学们才会把自己当朋友。为此，小婧把零用钱都用在了这上面，有时还不吃早饭把钱省下来。可这样，钱还是不够花，怎么办？家里的钱，小婧知道父母平时都是放在写字台的抽屉里，要是……小婧不敢往下想了。

可是一想到要是没钱请同学们吃东西，同学们就会像以前那样不理自己，小婧心里就很难受。纠结了好几天，小婧从抽屉里拿了一百元钱，买了东西请同学们吃。

随后，小婧就陷入了惴惴不安之中，她觉得自己偷了爸爸妈妈的钱，对不起他们对自己的信任，心里特别难受，甚至不敢直视爸爸妈妈的眼睛。过了四五天，小婧实在难受得不得了，决定向父母坦白。

爸爸妈妈听了小婧的话后，没有立即责备小婧，他们都觉得女儿为了得到朋友，虽然方法不对，但是心情可以理解。小婧既然主动坦白，就是知道自己错了。当前的主要任务是让小婧知道，怎样做才能交到朋友。于是，晚饭后，全家聚在客厅，爸爸妈妈打算和小婧谈谈心。

爸爸首先发言："小婧，你拿家里的钱，这样很不对。但是你能主动承认错误，爸爸妈妈就不批评你了。你想交朋友，不能用收买的方式，要靠提升自己的魅力。只有你强大了，别人才会看得起你，也才愿意和你交朋友。""你爸爸说得很对！妈妈也这么认为。小婧，从今以后，你要发挥你的特长，好好学习，真诚待人，肯定会有同学愿意和你交朋友的。"妈妈补充说。

看着爸爸妈妈温柔的眼神，小婧心里的包袱彻底放下了。她知道，虽然自己还要忍受一段时间的孤独，但这段时间一定不会很长。自己好好努力，朋友一定会有的，就像面包一定会有的一样。

27.面对尴尬
——幽默

尴尬是一种情绪反应，只要想办法使自己的心理保持稳定，交往中的尴尬场面应付起来就会轻松自如，游刃有余。

幽默是处理尴尬的法宝。适当地自嘲与调侃自己，不仅诙谐有趣，能消除尴尬的气氛，而且体现了个体的胸怀宽广，富有修养。

由误解引发的尴尬，可以通过如实说明的方法来消除。

倾听能培养孩子的幽默感

聪明的妈妈与其做一个高明的说者，不如做一个高明的听者。

我有一个孩子。30岁时我生下他，儿子出生时，我从下乡插队工作的吉林白城地委调回北京，跨入了我从小向往的《中国少年报》报社的大门。我非常珍惜这个工作的机会，因为不是所有的知青都能实现自己童年的梦想。为了全身心地工作，我把1岁零8个月的儿子送进幼儿园全托，每周只接一次。

孩子从幼儿园回来，总是说："妈妈，咱们谈谈话。"有一次，竟然哭着向我请求："妈妈，我知道你很忙，没时间陪我在家，可你能不能把我转到每天都能回家的幼儿园？"

我没能满足他的请求，我和我丈夫常常出差，没有时间照顾他。每次孩子回家，总是兴致勃勃地给我讲幼儿园里的事，不管我爱听不爱听。儿子需要的是一个忠实的听众，而妈妈是最合适的人选。遗憾的是，开始我没有意识到孩子的这个需求，总觉得听孩子说话，浪费了我写稿子或思考的时间。所以，每次孩子和我讲话，我总是做出很忙的样子，眼睛左顾右盼，手里还不停地翻动着书报。没想到，我的"忙碌"给孩子的语言表达带来了障碍。由于他是个思维能力很强的孩子，为了在有限的时间里把话说完，他就讲得很快，慢慢地变得讲起话来结结巴巴的。

这引起了我的注意。我开始注意改变自己，尽量抽出空来，倾听他讲话。渐渐地，儿子竟成了我学习儿童语言的老师。是他把我领入了奇妙的儿童世界，使我后来对儿童教育工作达到入迷的程度，也使我学会怎样用心去读孩子这本书。这本书，竟然还成了我当“知心姐姐”的教科书。

母子间平等的交谈，母亲得到的是生命的信息，而儿子得到的是人的自信。这种平等，是心理上的平等，它让一个孩子从小体味到人的尊严。

男孩子需要母亲倾听。母亲的倾听，培养了男孩子的幽默。幽默是男人的魅力。而男人的幽默是女人给予的。第一个女人是他的母亲，第二个女人是他的妻子或他周围的女友。

女人一般都喜欢有幽默感的男人，她觉得幽默会给自己带来许多快乐。塑造有幽默感的男人，首先必须培养一批忠实的听众。而男人的第一个听众就是自己的母亲。母亲要善于倾听，有倾听的耐心，有倾听的激情，更懂得倾听的艺术。

如果你发现自己的儿子不爱说话，或说话紧张，甚至听你讲话时漫不经心，你就应该意识到，你是否犯了“不耐心倾听孩子说话”的毛病？你必须马上改变自己，不然，你会后悔终身。

女孩子更需要母亲的倾听。母亲的倾听，会使女孩子成为有素养的女性。当你成为一位非常好的听者时，便是你成为高明的说话者之时，你也就具备了成为孩子们喜欢的好朋友的条件。妈妈的倾听，会使未成年的孩子从小学会以平等与尊重的心态与人建立联系，会使孩子觉得自己很重要，有利于孩子学会独立思考。

当你的孩子长大成人，像山一样站在你的面前，你需要仰视他时，他仍然会习惯地俯下身来，像小时候你对他那样，听你说话，跟你谈心。那时，年迈的你，会从内心里感到做母亲的宽慰和满足。

倾听，是一门艺术，一门学问。只有能专心地倾听孩子讲话的人，才能平等地对待一切人。如何倾听孩子说话呢？我提几点意见供参考。

首先，要做出听的姿势。一定要与孩子平视，不可居高临下；身体要稍稍向前倾，这是表示有兴趣的姿势；不要制造“墙壁”，如用手捂着嘴巴，两手抱着胳膊，或翻看着书，这些举动对孩子来说，都是一种障碍；用眼睛“听”，要睁大眼睛看着说话的孩子，很自然地用眼睛来表达你的兴趣和愉悦。

其次，要表现出听的兴趣。讲话中最扫兴的是听到对方说：“我早就知道了。”我们这样对孩子，就缺少尊重。孩子才说两句，大人就不耐烦了：“知道了，早知道了。别烦我！”“该干吗干吗去吧，谁有工夫听你神侃！”于是，孩子十分扫兴。我们当妈妈的关心孩子，不应只是关心他的冷暖吃住，还要关心他感兴趣的事。对孩子关心的话题产生了兴趣，你同孩子谈话的兴趣便也具备了。

另外，你还要将你专注倾听的态度传达给孩子。送给孩子最好的赞美，是让孩子知道他所说的每一句话，你都认真听到了。这可以通过表情变化来传达，比如保持微笑，并常常做出吃惊的样子。孩子最爱吃惊，用大人的话是大惊小怪，他们希望看到大人对自己所说的事情表示出吃惊的表情。能把大人吓住，说明自己很有本事。你也可以用语言来表达。在倾听孩子谈话的过程中，用简单的诸如“太好了”“真是这样吗”“我跟你想的一样”“你的想法太好了，请继续说”“我简直不敢相信”等等话语来表示你的兴趣。

也许你会发现，不论孩子的话题多么简单，如果你想要表现出有兴趣的姿态，那么兴趣也会自然而然地产生出来。如果你总是沉着脸，一言不发，一副漫不经心的样子，就会令孩子十分失望。慢慢地，他也会养成对什么事都不关心的毛病。那些在课堂上发呆、不爱发言的孩子，幼年时可能就缺少好的听众。孩子从小没有感受过自己语言的魅力，必定会对自己的语言表达能力失去应有的信心。

妈妈是孩子语言的第一位老师。而语言，又是早期教育最重要的环节。你想让你的孩子变得更聪明些吗？那么，就从倾听孩子说话开始吧！

风吹走了别人的头发

帅帅的爸爸早早地谢了顶，中间的头发早就掉没了，光秃秃地发着亮光。虽然脑袋四周还有些头发包围着中间这块空地，可爸爸觉得既然中间的头发都掉光了，旁边的头发留着也没啥用，索性把所有的头发都剃掉了，成了一个大光头。

这下，帅帅可不乐意了，他觉得爸爸剃个大光头，像个老头儿似的，太丑了。因此，帅帅都不让爸爸接送自己上下学，怕给自己丢脸，也怕同学们笑话自己。

这周六，学校要组织亲子趣味运动会，要求有一位家长必须参加。可是妈妈在体育方面实在没什么才能，跑也跑不快，跳也跳不高，投也投不远。反倒是爸爸，很有运动天赋，跑、跳、投，样样精通，平时就是个爱运动的积极分子。一听说帅帅学校要组织亲子运动会，爸爸可来劲儿了，嚷着要去参加。这下帅帅可犯愁了，想让爸爸去给自己争光，又怕爸爸的光头给自己丢脸，左右衡量，真不知道该怎么办了。

难受了两天，帅帅想出了办法：让爸爸戴上假头套，光头的问题不就解决了吗？哈哈，这个主意真不错，难题终于解决了。爸爸起初虽然不愿意，说假头套太热，糊脑袋，可架不住帅帅的软磨硬泡，还是答应了。运动会那天，爸爸穿着一身运动服，戴着假头套，看起来很精神，帅帅暗暗为自己想出的好主意而得意。帅帅和爸爸参加的是父子跑步，就是爸爸背着帅帅，和其他背着孩子的家长一起比赛。发令枪响了，爸爸背着帅帅，像一阵风似的冲了出去。其他家长都跟着爸爸跑起来。可爸爸的两腿跑得飞快，其他家长根本追不上。帅帅高兴极了，大声地给爸爸加油。前边就是终点了，爸爸开始向终点冲刺。在爸爸撞线的一刹那，突然刮过来一阵风，把爸爸的假头套吹跑了。爸爸一愣，其他家长也是一愣，随即就哈哈地笑了起来。孩子们更是跟着笑得前仰后合。

帅帅一下子觉得特别尴尬，真想找个地缝钻进去。爸爸愣了一下后，立刻捡回假头套，也开心地哈哈大笑起来，还一边笑一边说："我这个脑袋啊，连自己的头发都留不住，怎么能留住别人的头发呢？干脆不戴好了！"其他家长纷纷说："就是，光头更省事，哈哈！"帅帅听得出，大家的笑声里没有嘲笑，只有理解和赞赏。爸爸只用了一句话，就巧妙地化解了尴尬，真给自己长脸。

这次运动会，爸爸带着帅帅拿了好几个第一。同学们都很羡慕帅帅有个很棒的爸爸，根本没有人在意爸爸的光头，更没有人笑话他。

回家前，帅帅拿着爸爸的假头套说："爸爸，这别人的头发，咱不要了吧？""好嘞！扔了！"爸爸开心地说。从此，帅帅再也不为爸爸的光头纠结烦恼了。他觉得，爸爸不管有没有头发都很棒。

28.面对贫困
——立志

生活上的贫困并不可怕，可怕的是心灵上的贫瘠。

目标对成长中的你更加重要，无论你的家境如何，少年时期如果树立起人生的目标，就犹如在心中播种了一个太阳，一个给人希望、给人力量的太阳，它会把你带到光明的世界。

我们应该感谢贫困，因为贫困教会了我们赚钱的能力。

古人说：山不在高，有仙则名；水不在深，有龙则灵。“知心姐姐”也要说:路不在远，有志则行！有抱负才会有毅力，有毅力才会有行动，有行动才会有成功!

无论上学的道路有多远，无论上学的路上有多难，只要目光远大，胸怀大志，希望的终点便离你不远了！

梦想成就最好的自己

你有梦想吗？假如你的回答是“没有”，那么我得说，你的成功机会不会太多。

你有梦想吗？假如你的回答是“有”，那么，我就会高兴地告诉你，你已经拥有了一半的成功机会。

一天，一条小毛虫朝着太阳升起的方向缓慢地爬行着。它在路上遇到了一只蝗虫，蝗虫问它：“你要到哪里去？”

小毛虫一边爬一边回答：“我昨晚做了一个梦，梦见我在大山顶上看到了整个山谷。我喜欢梦中看到的情景。我决定将它变成现实。”

蝗虫很惊讶地说：“你烧糊涂了？还是脑子进水了？你怎么可能到达那个地方。你只是一条小毛虫呀！对你来说，一块石头就是高山，一个水坑就是大海，一根树干就是无法逾越的障碍。”但小毛虫已经爬远了，根本没有理会蝗虫的话。

小毛虫不停地挪动着小小的躯体。突然，它听到了蜣螂的声音，“你要到哪儿去？”

小毛虫已经开始出汗，它气喘吁吁地说：“我做了一个梦，我想把它变成现实。我梦见自己爬上了山顶，在那里看到了整个世界。”

蜣螂不禁笑着说：“连拥有健壮腿脚的我，都没有这种狂妄的想法。”小毛虫不理蜣螂的嘲笑，继续前进。

后来，蜘蛛、鼹鼠、青蛙和花朵都以同样的口吻劝小毛虫放弃这个打算。但小毛虫始终坚持着向前爬行……

终于，小毛虫筋疲力尽，累得快要支持不住了。于是，它决定停下来休息，并用自己仅有的一点力气建成一个休息的小窝——蛹。

最后，小毛虫死了。山谷里，所有的动物都跑来瞻仰小毛虫的遗体。那个蛹仿佛也变成了梦想者的纪念碑。

一天，动物们再次聚集在这里。突然，大家惊奇地看到，小毛虫贝壳状的蛹开始绽裂,一只美丽的蝴蝶出现在他们面前。随着轻风吹拂，美丽的蝴蝶翩翩飞到了大山顶上。重生的小毛虫终于实现了自己的梦想……

这个美丽的故事告诉我们一个人生哲理：人活在世界上，不能没有梦想;为了自己的梦想，要付出艰辛的努力。所以，不必和别人比高低，更不必瞧不起自己。既然你是一个完整的生命，你就应该拥有自己生命的辉煌。但是，那辉煌不是别人给予的，而是自己创造的。

人们常说，有梦想才能有作为，有行动才能有成功。文学大师林语堂把梦想和行动看作是实现人生价值的阶梯，他说:“梦想无论怎样模糊，总潜伏在我们心底，使我们的心境永远得不到宁静，直到这些梦想成为事实为止。”但要想使“这些梦想成为事实”，行动才是唯一的手段和保证。

所以，无论你是城市的孩子，还是农村的孩子；是家境富有的孩子，还是家境贫困的孩子；无论是身体健康，还是身有残障，只要你拥有梦想和行动，你就一定能像小毛虫那样，最终登上自己心中的顶峰。

在祖国西部的大山谷里，有一个女孩名叫王雪。为了实现自己走上教师讲台的梦想，她经历着和小毛虫一样艰难的成长历程。

王雪的家是在陕西省一个贫困的山洼里。从小她就有一个梦想，长大后像哥哥那样背起书包到学校里去读书。盼啊盼，终于盼到了上学的年龄。可是，就在她背着书包准备迈出家门的那一刻，母亲板着脸挡住了门口。“一个女孩子家上什么学？不好好待在家里干活！你想干啥？”“为啥女孩子就不能上学？”王雪边哭边问母亲。“白花钱，管啥用？你别给我添乱了！”母亲说完头也不回地走开了。但是，王雪不气馁，流着泪一再苦苦哀求。母亲心软了，终于答应让女儿去上学了。小小的王雪第一次尝到了人生的艰辛。

上学的第一天，由于要走很远很远的山路，王雪天不亮就上路了，陪伴她的，是她亲手缝制的布书包，还有那本十几个人用过的珍贵的旧课本。坐在稻草捆上，用着泥土制成的小桌，王雪感到无比的温暖。当她拿出那本旧课本时，几个小伙伴争先恐后地向她借。可是，每个都是小心翼翼地拿起来翻看，又小心翼翼地送还给她。

老师那天并没有讲新课，而是说了一番话：“孩子们，你们一定要好好学习，将来靠自己的努力去大山外面的世界看一看……”老师的话，深深地烙在了王雪的心里。从那天起，她便有了一个新的梦想：到大山外面的世界看一看。

冬天的天气总是特别冷，外面的雪花像鹅毛一般飘落下来。坐在教室里，王雪的小脸冻得发紫，浑身冷得直打哆嗦，手中始终紧攥着一枝不如小拇指长的铅笔头，认真地抄写着老师在黑板上写下的每一个字。

可是有一天，她伴着夜幕回到家时，听见邻居们议论：“听说，那个老师要回城里去了。”

“为啥哩？”

“这你还不明白？人家嫌我们这个山沟沟穷，给的钱太少了呗！”

这真是晴天霹雳！王雪懵了，想到平日里对自己关怀备至的老师，现在竟然要离开，她的心里刀绞一样难受。但她转念一想，是呀，像我们这种穷山沟，又有几个人愿意来教书呢？

老师走了。为了继续学习，王雪还坚持每天走上 4 个多小时的山路，去向邻村的一个老前辈求学。功夫不负苦心人，由于王雪学习非常刻苦，她终于考上了中学。让王雪坦然面对无数艰难困苦的坚韧力量，是她的一个美丽梦想——做一名光荣的人民教师。

我期待着王雪“化蝶”的那一天。我坚信，她一定会成功！人生巅峰的高度，取决于你自己心中目标的高度；人生价值的大小，不取决于分数，不取决于别人如何看待你，而是要用你的梦想和行动去衡量。

卖报的孩子

在刘治两岁、哥哥五岁的时候，爸爸去世了。抚养两个孩子的重任就落在了妈妈一个人的身上，对于没有任何技术专长的妈妈来说，真的是非常困难。妈妈为人家刷盘子、洗碗，什么艰苦的工作都做。刘治为自己有这样的妈妈而感到骄傲。

慢慢地，刘治长大了。九岁的时候，为了替妈妈分担家庭的重担，刘治找到了第一份工作——卖报纸。第一天，刘治到闹市取报卖完后，天已经快黑了，他乘着公共汽车回家。到家后，他对妈妈说："妈妈，我明天不去卖报纸了。"妈妈正在做晚饭，听了刘治的话，惊奇地问："为什么？""那里有很多粗人，他们总讲粗话，做事也很粗鲁，他们看不起卖报的穷孩子。"刘治委屈地对妈妈说。"我不希望你成为那样的粗人。"妈妈一边做饭一边说，"别人说粗话、办粗事是别人的事，他们看不起你是他们心态有问题，跟你没关系。你通过自己的劳动赚钱，没有任何丢人的。明天去不去，你自己决定好了。"刘治觉得妈妈的话很有道理，第二天，他又去卖报了。天气非常寒冷，刘治穿着单薄的衣服，在寒风中瑟瑟发抖，报纸刚卖出去一半，再冷也不能回家呀。刘治一边搓揉着冻僵了的手，一边注意着过往的行人。就在这时，一个富态的女士从跟前走过，看到刘治冷得直发抖，就打开提包，从里面拿出一张五元面值的钞票，递给刘治说："孩子，这些钱足够买你剩下的报纸了。这么冷的天，你赶紧回家去吧，千万别冻坏了。"刘治给女士鞠了一躬，却婉拒了女士的好意："好心的阿姨，谢谢您！通过我自己的劳动赚到的钱对我来说更有意义，谢谢您的好意。天冷，您赶紧回家吧！”富态的女士摇摇头转身走了。

刘治直到把最后一份报纸卖完，才乘着公共汽车回家。到家后，刘治把今天的事情告诉了妈妈。妈妈听后很高兴，夸奖刘治说：“你做得很对！依靠别人是不能长久的，咱们人穷志不穷，一定能够通过自己的努力获得成功。许多时候，是没有人能帮你的，必须依靠自己。”

刘治后来又遇到了很多艰难和坎坷，但他总能笑着面对，最终成为成功的商业人士。当有人问起他成功的原因时，他说：“我非常感谢父母，感谢他们贫穷，不能给我钱，但是却给了我人穷志不穷的傲气，给了我面对贫穷的正能量。”没错，妈妈的话时刻在他耳边回响：“贫穷不可怕，只要自己有信心就可以改变；做事一定要坚持，要苦干，只有坚持不懈地努力，才能成功。”其实，人生何尝不是如此呢？如果做到了以上几点，怎么能不成功呢？

29.面对追星
——清醒

面对追星，请记住：清醒永远比狂热重要。

人本身就是一个独立个体，只能成为最好的自己，而不能成为别人的第二。

面对追星的潮流，你的头脑一定要清醒，不要盲目地随波逐流。“走对路才能有出路。”请记住三个“尊”：尊重你自己，追星别丢了自己；尊重别人，别去干让明星难堪的事；保持尊严，对自己的行为负责。

我期盼在那璀璨的星空中，你是一颗同样明亮且能给世界带来光明的星。

父母与孩子，对抗不如对话

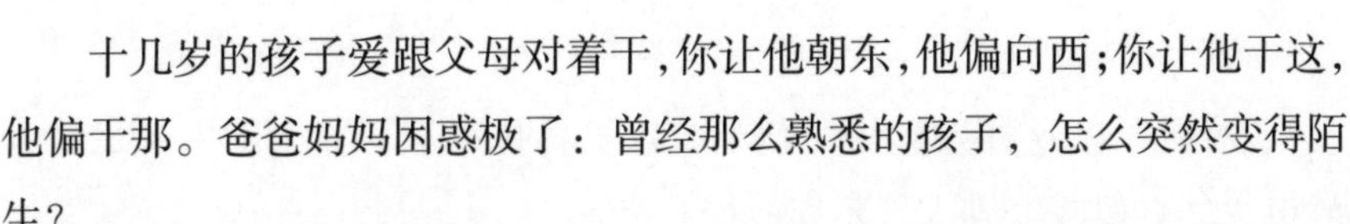

十几岁的孩子爱跟父母对着干，你让他朝东，他偏向西；你让他干这，他偏干那。爸爸妈妈困惑极了：曾经那么熟悉的孩子，怎么突然变得陌生？

四五十岁的父母爱跟孩子较劲。“我叫你干，你为什么不干？”“我叫你好好考，你为什么不好好考？”“你是不是成心要气死我？”男孩女孩苦恼极了：曾经那么通情达理的爸爸妈妈怎么突然变得不讲理？

这种现象奇怪吗？并不奇怪。就像宇宙间的星球，在一定条件下会相互碰撞，青春期碰撞更年期也是大自然的规律。只是今天的孩子早熟，青春期提前；今天的父母太累，更年期也提前。

江苏镇江市王伊雯同学，曾经给《知心姐姐》杂志社寄来一封她写给爸爸的信。信中，她把与父母之间的“对抗”描绘得活灵活现：

> 记得有一次吃晚饭的时候，我滔滔不绝地对您（指爸爸）说，一个歌星唱的歌挺好听的，我很爱听。可是我刚说完，您就发火了，一拍桌子吼道：“不把心思用在学习上，专做这种无聊的‘追星族’！你有没有出息啊！”
>
> 倔强的性格让我喊了一句：“我爱听歌，并不代表我就是追星族！我是‘追星族’也不代表我就没出息。您什么意思啊？总把我想得那么差！”
>
> 您听了，真火了，拿起筷子顺手给了我一下，我委屈地哭

了。说实在的，我不是“追星族”，我真的很委屈。可我知道这时候越向您解释，您就打我打得越凶，所以，我干脆不解释了，把委屈埋在心里。

还有一次，您提着两个包回来，一个拎进了房间，一个放在电视机旁。我好奇地跑去翻开看，原来是一张碟片。您见我翻东西，便给了我两下，然后横眉竖眼地教训我：“告诉过你多少遍了，别碰大人的东西！”

我反驳说：“我又不知道这是什么东西。”

“你不知道的东西还多着呢！”您越发凶了。

“对抗”就这样发生了，孩子与家长各执一端，完全不去考虑对方的想法，只想改变别人，不愿改变自己。

提早进入青春期的孩子正处在成人感迅速增强，但心理却并不成熟的阶段，渴望得到成人的尊重，但他们对成人尤其是父母缺少基本的信任，总觉得父母跟自己过不去，也因此形成强烈的逆反心理，心灵的大门朝着同龄人开放，却对成人紧闭。这时候的孩子特别需要理解和尊重，需要知心朋友。

提早进入更年期的父母，由于工作、生活压力很大，面对孩子常常心急气躁。这时的父母同样需要关怀，需要理解和谅解，需要知心朋友。所以，处于不同年龄阶段的两个特殊生长期的两代人，有着共同的要求：理解、尊重和沟通！双方都改变一下自己，情况就大不一样了。

《中国中学生报》小记者、北京高二学生董诚和他的妈妈杜女士都是我的老朋友。他们母子俩就是在碰撞中磨合成为好朋友的。在和我聊天中，他们讲到了三条秘诀。

秘诀一：对抗变对话，从亲子相互欣赏开始。

杜女士说：“以前逛商场，儿子要看光盘，我要看服装，总有矛盾。后来，我看中什么衣服，就请儿子当参谋。我偷偷看儿子一眼，他点头我就试穿。我觉得儿子有男孩的眼光，会把妈妈看得很美，妈妈衣服选得好不好，他一下就能看出来。儿子是我最好的参谋。”

董诚说:“跟妈妈出去特别轻松。妈妈能让我当参谋，我当然得有自信。”

秘诀二:对抗变对话，亲子互相支招来转变。

杜女士说:“我把孩子当成最好的朋友，我有什么话跟他说，他什么话也跟我说。儿子大了，有他的思想，要了解他就必须学会倾听。儿子有时候背着书包进门,‘妈，我跟你说个事。’我不管多忙都听他说完。如果你说‘炒菜呢，哪有工夫听你说’就等于拒绝了他，下次儿子就不会跟你说了。”

董诚觉得在家里茶余饭后聊天是最好的沟通。有一次，他想给学校提意见，不知道妈妈赞成不赞成。所以先试探妈妈:“有节课老师讲得很不好，班里有个同学带头向学校反映，您觉得他这样做对吗?”

妈妈说:“你是班长，应该由你来替大家反映。”妈妈当时并不知道儿子说的是自己，可她帮儿子支了招儿，却正合儿子的意。

我问董诚:“妈妈给你支的招儿，你觉得灵吗?”

董诚说:“还挺灵的，特别是有时候我火气比较大，说话直来直去，妈妈让我学会了婉转表达。”

秘诀三:对抗变对话，关键是亲子相互理解。

能坦率地表达自己，又能设身处地对待别人，在这方面，杜女士和她儿子董诚都深有感触。

杜女士说:“从当妈妈那天开始，就不光孕育了一个生命，更是多了一个朋友。这个朋友一点点长大，我一点点了解他。现在我 40 多岁，孩子 15 岁,更年期碰撞青春期,我有时也挺有失落感。儿子总是问:‘妈，您现在怎么变得这么絮叨?’我说:‘我也不知道，其实还是挺想让你心疼妈妈的。’儿子说:‘以后我会好好孝顺您。但我现在大了，是一个男孩子，我有自己的事情要做。’”

妈妈向儿子交心，这使儿子非常感动。对于怎样愉快地接受走向更年期的妈妈，董诚做得不错，说起妈妈，他的脸上洋溢着幸福。

“妈妈跟我非常平等，而不是高高在上。我已经不喜欢依偎在妈妈身边，但喜欢妈妈挽着我的胳膊走，因为妈妈就是那样挽着爸爸走的。

妈妈从来不干涉我的事情，女生给我打电话妈妈从来不问。‘三八’妇女节那天，我跟同学一起给各自的妈妈买花，花不是很好，但是妈妈特别高兴，说没白养我这个儿子。”

这对平凡母子总结的三个秘诀，的确意味深长。岁月流逝，孩子一天天长高，父母一天天变矮。孩子要学会俯下身去，倾听父母充满爱的唠叨，而父母完全可以放下长者之尊，高兴地说：“终于长得比我们高了！”

做一个有头脑的追星族

陈怡今天剪了一个漂亮的刘海，看起来更清纯了。剪刘海的原因，是因为自己的偶像喜欢清纯的女孩。说到自己的偶像，陈怡简直迷得不得了，她还在百度贴吧里参加粉丝团，随时跟踪动态。

在学校，陈怡也忘不了自己的偶像，因为着迷，陈怡没心思学习，初一的第一学期成绩直线下降，这次月考，陈怡语文只考了七十几分。

回到家，陈怡拿出卷子让妈妈签字。妈妈一看成绩，立刻叫了起来："怎么回事？只考了七十几分，你是怎么学的？"陈怡低着头小声回答："这次月考没有发挥好，下次我一定……""什么下次？"爸爸一把抢过卷子，看了看说，"就你考这成绩，都是整天追星追的，追得你没有心思学习，都没把心思放在正地方，学习成绩要是好了才怪呢！"陈怡一把抢过卷子，给爸爸来了一句："我下次会考好的。"看到陈怡这种态度，爸爸发火了，上来给了陈怡两巴掌，然后余怒未消地把墙上偶像的照片都揭了下来，气哼哼地走了。陈怡看着爸爸的举动，眼泪不住地流下来，飞跑着拉开门，离开了家。

走在街上，陈怡越想越觉得委屈，眼泪像断了线的珠子一样不断地往下掉。走着走着，肚子忽然咕噜噜叫了起来，陈怡这才想到，自己还没吃晚饭呢。看到前边有个馄饨摊，陈怡走了过去。

卖馄饨的是母女两个，妈妈四十来岁，女儿的年纪和陈怡差不多大，跑前跑后地收拾碗筷、给客人端馄饨。看见陈怡站在那里，女孩打了个招呼："妹妹，过来吃碗馄饨吧，我妈做的可好吃了。"

陈怡坐在凳子上，等着那位妈妈煮馄饨。那个女孩在旁边看着陈怡，几次欲言又止，最后，终于抵挡不住自己的好奇心，小心地问道：“妹妹，你是不是遇到了什么难事啊？我看你好像刚哭过的样子。”陈怡不好意思地低下了头，心里在琢磨着，是不是可以和这个女孩说说，反正也不认识，说了也不丢人。这样想着，陈怡就把前因后果告诉了女孩。女孩听了，睁大眼睛说：“我也迷偶像，但我首先要好好学习，将来才能实现我的梦想。”看着女孩一副壮志满怀的样子，陈怡一下子觉得，同样是追星，自己和人家的差距可真是很大呢。

一会儿，馄饨煮好了，女孩把馄饨给陈怡端过来。陈怡用勺子舀起馄饨尝了一口，真的好香，女孩没有说错。陈怡抬起头冲着女孩笑了笑。女孩向陈怡摆摆手。

吃完馄饨，陈怡没有迟疑，向着家里走去。她要告诉爸爸妈妈，虽然自己还要追星，但是自己不会再耽误学习，更不会失去梦想，因为自己已经知道到底追星该追什么了。

图书在版编目（CIP）数据
和烦恼说再见 /卢勤著．—南京：译林出版社，2021.3
（卢勤教育文集）
ISBN 978-7-5447-8573-0

I.①和… II.①卢… III.①家庭教育－文集 IV.①G78-53

中国版本图书馆 CIP 数据核字（2021）第 016699 号

和烦恼说再见　卢勤／著

责任编辑　陈绍敏
特约编辑　张兰坡
装帧设计　鹏飞艺术
校　　对　王兰英
责任印制　贺　伟

出版发行　译林出版社
地　　址　南京市湖南路1号A楼
邮　　箱　yilin@yilin.com
网　　址　www.yilin.com
市场热线　025-86633278
排　　版　鹏飞艺术
印　　刷　三河市延风印装有限公司
开　　本　710毫米×1000毫米　1/16
印　　张　12.25
版　　次　2021年3月第1版
印　　次　2022年10月第2次印刷
书　　号　ISBN 978-7-5447-8573-0
定　　价　32.80元